和《わ》食《しょく》をつくろう！

1

おいしい基本《きほん》、入門《にゅうもん》の巻《まき》！

この本《ほん》を読《よ》むみなさんへ

和《わ》食《しょく》って、どんな料理《りょうり》か知《し》っていますか？

和《わ》食《しょく》とは日本料理《にほんりょうり》のこと。みんなが生《う》まれるずっと前《まえ》から、私《わたし》たち日本人《にほんじん》が毎日《まいにち》食《た》べてきた食事《しょくじ》のことをいいます。

みんなの好《す》きな白《しろ》いごはん。ごはんは一番大切《いちばんたいせつ》で中心《ちゅうしん》となる食《た》べ物《もの》です。それに合《あ》う料理《りょうり》が和《わ》食《しょく》にはたくさんあります。みんなが食《た》べてきた、そして、これからも食《た》べたい料理《りょうり》がきっと見《み》つかるはず。

１巻《かん》には、和《わ》食《しょく》をつくる時《とき》の大切《たいせつ》な基本《きほん》がつまっています。ていねいにひとつひとつマスターして、おいしい和《わ》食《しょく》をつくって食《た》べてくださいね。

料理《りょうり》は、包丁《ほうちょう》や火《ひ》を使《つか》うから、十分気《じゅうぶんき》を付《つ》けて、大人《おとな》の人《ひと》と相談《そうだん》しながらつくってください。

柳原尚之《やなぎはら なおゆき》

もくじ

はじめに

この本《ほん》の使《つか》い方《かた》

つくりたい料理《りょうり》のページを最後《さいご》まで読《よ》んで、材料《ざいりょう》や道具《どうぐ》をそろえてからはじめよう！

火加減《ひかげん》

料理《りょうり》をするときの火加減《ひかげん》の目安《めやす》にしよう。この本《ほん》の火加減《ひかげん》はガスなので、IHクッキングヒーターでつくる場合《ばあい》は、表示《ひょうじ》を見《み》て調《ちょう》節《せつ》しよう。

弱火《よわび》　中火《ちゅうび》　強火《つよび》

つくり方《かた》　つくる前《まえ》に全体《ぜんたい》を読《よ》んで、つくり方《かた》の流《なが》れをつかんでおこう。

ポイント　おいしくつくるためのポイント。

ミニコラム　下準備《したじゅんび》やアレンジのしょうかいなど。

料理名《りょうりめい》

調理時間《ちょうりじかん》の目安《めやす》

だしをとる時間《じかん》や、前日《ぜんじつ》から必要《ひつよう》な下《した》準備《じゅんび》の時間《じかん》などはふくんでいない。

お湯準備《ゆじゅんび》マーク

お湯《ゆ》を使《つか》う料理《りょうり》のしるし。早目《はやめ》にお湯《ゆ》をわかしておこう。

お弁当《べんとう》マーク

お弁当《べんとう》にぴったりな料理《りょうり》のしるし。お弁当《べんとう》づくりの参《さん》考《こう》にしよう。

ひとことコラム

料理《りょうり》の豆知識《まめちしき》など。

材料《ざいりょう》

ゆでるときに入《い》れる塩《しお》などは、[材料《ざいりょう》]に書《か》かれていないので注意《ちゅうい》しよう。特《とく》に表記《ひょうき》がなければ、「しょうゆ」は、「こいくちしょうゆ」、「みそ」は、ふだん使《つか》っているみそを使《つか》おう。「だし」は、基本的《きほんてき》に、かつおとこんぶのだし（⇨ 18ページ）を用意《ようい》しよう。

使《つか》う道具《どうぐ》

料理《りょうり》をはじめる前《まえ》に、そろえておこう。包丁《ほうちょう》、まな板《いた》、菜《さい》ばし、おたま、計量《けいりょう》の道具《どうぐ》、ふきん、台《だい》ふきや洗《あら》うためのものなどは書《か》かれていないので、注意《ちゅうい》しよう。

！安全《あんぜん》のためのルール

刃物《はもの》や火《ひ》をあつかうので、十分《じゅうぶん》な注意《ちゅうい》が必要《ひつよう》だ。安全《あんぜん》のためのルールを確《たし》かめよう！

大人《おとな》に声《こえ》をかけてからつくろう！

●刃物《はもの》を人《ひと》にわたすときは、刃先《はさき》を相《あい》手《て》に向《む》けず、台《だい》に置《お》いてわたそう。

●刃物《はもの》を台《だい》などに置《お》くときは、切《き》れるほうを奥《おく》に向《む》けて置《お》こう！

●刃物《はもの》は、落《お》ちないところに置《お》こう！

●火《ひ》を使《つか》うときは、かならず近《ちか》くにいて、火《ひ》から目《め》をはなさないようにしよう！

和食《わしょく》づくりの基本《きほん》のき

基本《きほん》を知《し》ることが、料理上手《りょうりじょうず》への近道《ちかみち》！

はかりで量《はか》るだけでなく、さまざまな計量《けいりょう》の方法《ほうほう》がある。

計量《けいりょう》

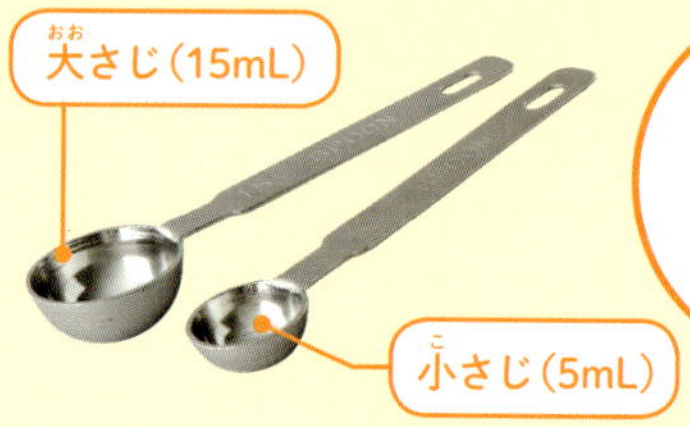
大《おお》さじ(15mL)
小《こ》さじ(5mL)

計量《けいりょう》スプーンで量《はか》る

少量《しょうりょう》の塩《しお》や、しょうゆなどを量《はか》るときに使《つか》う。大《おお》さじと小《こ》さじがあり、同《おな》じように量《はか》る。

●正《ただ》しい量《はか》り方《かた》

はじめに多《おお》めにすくってから、まっすぐなスプーンの柄《え》などですり切《き》って落《お》とす。

【大《おお》さじ1】

【大《おお》さじ1/2】

大《おお》さじ1を半分《はんぶん》にする。

1/3

【小《こ》さじ2/3】

1/3を落《お》とす。

【液体《えきたい》の大《おお》さじ1】

【液体《えきたい》の大《おお》さじ1/2】

計量《けいりょう》カップで量《はか》る

量《りょう》の多《おお》い水《みず》やだしなどを量《はか》るときに使《つか》う。料理《りょうり》の計量《けいりょう》カップは、1カップ200mLのものを使《つか》う。

●正《ただ》しい量《はか》り方《かた》

水平《すいへい》なところに置《お》こう！
水平《すいへい》が大事《だいじ》

テーブルなどの平《たい》らなところに置《お》き、目《め》の高《たか》さを目盛《めも》りにそろえて量《はか》ろう。

指《ゆび》で量《はか》る

【ひとつまみ】

親指《おやゆび》、人差《ひとさ》し指《ゆび》、中指《なかゆび》の3本《ぼん》でつまめる量《りょう》。

【少々《しょうしょう》】親指《おやゆび》と人差《ひとさ》し指《ゆび》でつまめるほどの量《りょう》。

料理《りょうり》の流《なが》れを知《し》ろう！

流《なが》れを知《し》って、段取《だんど》りよく進《すす》めよう。

1 身《み》じたくを整《ととの》える

かみの毛《け》をまとめる
エプロンなどをつける
つめは短《みじか》く切《き》る
手《て》はよく洗《あら》う
手首《てくび》までしっかり出《だ》す

2 使《つか》うものをそろえる

必要《ひつよう》な分量《ぶんりょう》を量《はか》って用意《ようい》する。道具《どうぐ》もはじめにすべてそろえよう。

火《ひ》加《か》減《げん》

【強火《つよび》】
なべの底《そこ》全体《ぜんたい》に火《ひ》がいきわたる状態《じょうたい》。

【中火《ちゅうび》】
なべの底《そこ》に、火《ひ》の先《さき》がちょうどあたる状態《じょうたい》。

【弱火《よわび》】
なべの底《そこ》に火《ひ》があたらない状態《じょうたい》。

水《みず》加《か》減《げん》

【たっぷり】
材料《ざいりょう》が完全《かんぜん》にかくれる、たっぷりの量《りょう》。

【かぶるくらい】
材料《ざいりょう》がちょうどかくれるくらいの量《りょう》。

【ひたひた】
材料《ざいりょう》が水《みず》から出《で》るか出《で》ないかくらいの量《りょう》。

わき加《か》減《げん》

【ぐらぐら】
完全《かんぜん》にふっとうしている状態《じょうたい》。

【ふつふつ】
ふっとうする前《まえ》の、液体《えきたい》が静《しず》かにゆれて、小《ちい》さなあわが上《あ》がってくる状態《じょうたい》。

火《ひ》を使《つか》っているときは、火《ひ》からはなれないようにしよう！

3 材料《ざいりょう》を洗《あら》う

野菜《やさい》などの材料《ざいりょう》を水《みず》でしっかり洗《あら》う。

4 まな板《いた》、包丁《ほうちょう》の準備《じゅんび》

どちらも水《みず》で洗《あら》ってから、きつくしぼったぬれぶきんでふく。まな板《いた》の下《した》にぬれぶきんをしくと、まな板《いた》が動《うご》かず使《つか》いやすい。

5 調理《ちょうり》する

「つくり方《かた》」を見《み》て、チャレンジ！調味料《ちょうみりょう》を入《い》れてからは、味見《あじみ》をしながら進《すす》めよう。

6 片《かた》づける

まな板《いた》と包丁《ほうちょう》は流《なが》し台《だい》において、よく洗《あら》ってからふきんでふく。かわいたら、元《もと》の場所《ばしょ》にきちんとしまおう。

● 包丁《ほうちょう》をふくときは、切《き》れるほうを外《そと》に向《む》けて、ふきんではさんでふこう。

立《た》ち方《かた》

まな板《いた》を置《お》いた台《だい》に向《む》かい、こぶしひとつ分《ぶん》あけて立《た》つ。次《つぎ》に右足《みぎあし》を一歩《いっぽ》後《うし》ろに下《さ》げて、ななめに立《た》とう。

こぶし
台《だい》
体《からだ》

包丁《ほうちょう》を知《し》る

それぞれの部分《ぶぶん》で、得意《とくい》な仕事《しごと》がある。名前《なまえ》も覚《おぼ》えよう。

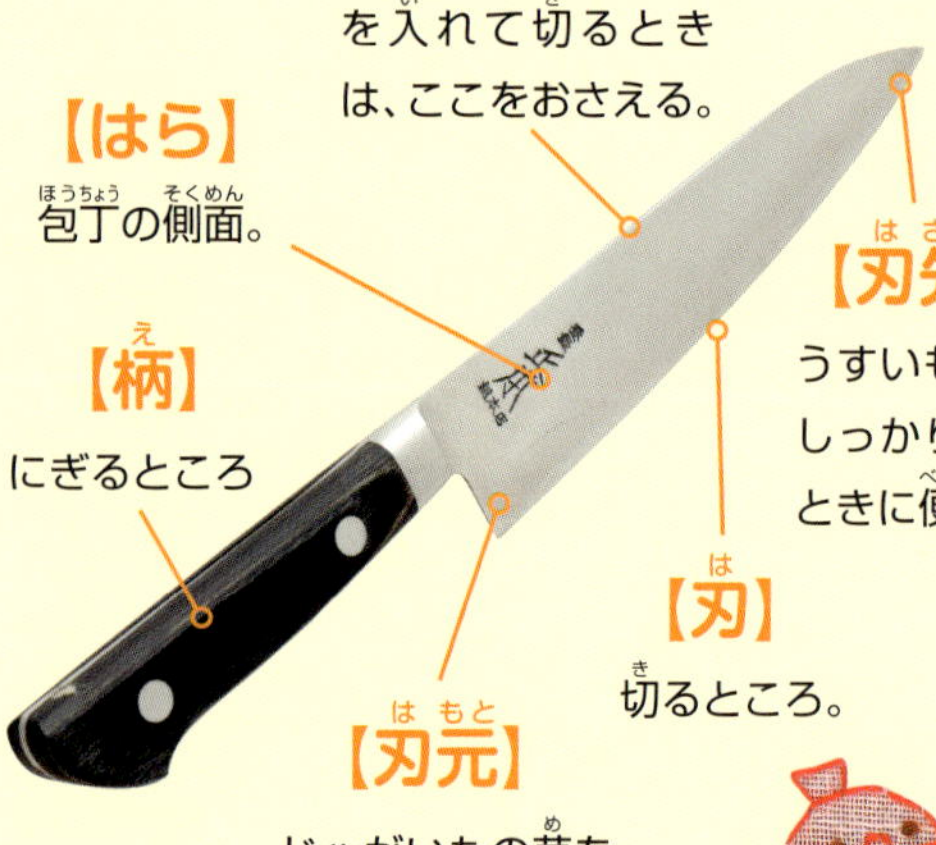

【背《せ》】
切《き》れないところ。力《ちから》を入《い》れて切《き》るときは、ここをおさえる。

【はら】
包丁《ほうちょう》の側面《そくめん》。

【柄《え》】
にぎるところ

【刃先《はさき》】
うすいものをしっかり切《き》るときに便利《べんり》。

【刃《は》】
切《き》るところ。

【刃元《はもと》】
じゃがいもの芽《め》を取《と》るときに便利《べんり》。

包丁《ほうちょう》は、はたらきものだね！

包丁《ほうちょう》のにぎり方《かた》

野菜《やさい》などを切《き》るとき

背《せ》に親指《おやゆび》をのせ、はらに人差《ひとさ》し指《ゆび》をそえて、おして切《き》る。

【左《ひだり》から見《み》ると】

【右《みぎ》から見《み》ると】

肉《にく》や刺身《さしみ》などを、しっかり切《き》るとき

背《せ》に人差《ひとさ》し指《ゆび》をのせて、すべらせるように手前《てまえ》に引《ひ》いて切《き》る。

【左《ひだり》から見《み》ると】

【右《みぎ》から見《み》ると】

しっかり切《き》らないと、こんなことになるよ！

おさえ方《かた》

材料《ざいりょう》をおさえるとき、おさえるほうの手《て》は指《ゆび》を丸《まる》めておこう。

ねこの手《て》のように丸《まる》める。

とてもかたいものを切《き》るとき

かぼちゃなどのかたいものを切《き》るときは、刃《は》を野菜《やさい》に少《すこ》し入《い》れたら、刃先《はさき》をまな板《いた》につけ、左手《ひだりて》を包丁《ほうちょう》の背《せ》におき、下《した》へおして切《き》る。

けがをしないように、注意《ちゅうい》！

切《き》り方《かた》

この本《ほん》に出《で》てくる、おもな野菜《やさい》の切《き》り方《かた》。いろいろな野菜《やさい》でためしてみよう！

輪《わ》切《ぎ》り

大根《だいこん》やにんじんなどの材料《ざいりょう》を厚《あつ》めに切《き》る、よく使《つか》われる切《き》り方《かた》。切《き》り口《くち》の形《かたち》が輪《わ》になる。

うす切《ぎ》り

きゅうりなどの材《ざい》料《りょう》を、はしからうすく切《き》る切《き》り方《かた》。1㎜くらいに切《き》れるようになろう！

小口《こぐち》切《ぎ》り

細長《ほそなが》いねぎなどを、はしから細《こま》かく切《き》る切《き》り方《かた》。細《ほそ》いねぎは、何本《なんぼん》かたばねて切《き》ろう。

くし形《がた》切《ぎ》り

玉《たま》ねぎなどの材料《ざいりょう》を放射状《ほうしゃじょう》に切《き》る切《き》り方《かた》。$\frac{1}{4}$に切《き》ってから、中心《ちゅうしん》に向《む》かってななめに切《き》る。

みじん切《ぎ》り

とても細《こま》かく切《き》る切《き》り方《かた》。長《なが》ねぎはたてに細《ほそ》く切《き》ってから、横《よこ》に細《こま》かく切《き》る。しょうがなどは、うす切《き》りにしてから、たてに細《ほそ》く切《き》り（細切《ほそぎ》り）、次《つぎ》に横《よこ》にして細《こま》かく切《き》る。

調味料《ちょうみりょう》をそろえよう！

和《わ》食《しょく》の味《あじ》は、調味料《ちょうみりょう》で決《き》まる。特徴《とくちょう》をつかんで使《つか》おう！

砂糖《さとう》

煮《に》ものをつくるときは、ほかの調味料《ちょうみりょう》より先《さき》に入《い》れよう。この本《ほん》では上白糖《じょうはくとう》を使《つか》っている。

塩《しお》

家《いえ》でふだん使《つか》っているものを使《つか》おう。

しょうゆ

【うすくち】【こいくち】

おもに「こいくち」と「うすくち」がある。「こいくち」は一般的《いっぱんてき》によく使《つか》われていて、「うすくち」は色《いろ》がうすくて、おもに、おすまし、煮《に》ものに使《つか》う。

みそ

【信州《しんしゅう》みそなど】

【白《しろ》みそ】【赤《あか》みそ】

全国《ぜんこく》にさまざまな種類《しゅるい》がある。好《この》みのものを使《つか》おう。

酒《さけ》

「日本酒《にほんしゅ》（辛口《からくち》）」を使《つか》おう。「料理酒《りょうりしゅ》」には、塩分《えんぶん》をふくむものがあるので、味《あじ》の調整《ちょうせい》が必要《ひつよう》になる。

みりん

「本《ほん》みりん」を使《つか》おう。

酢《す》

米《こめ》からつくられた「米酢《こめず》」を使《つか》おう。

＊「うすくちしょうゆ」は、「こいくちしょうゆ」にくらべて色《いろ》がうすく、塩分《えんぶん》は少《すこ》し多《おお》い。

この本《ほん》で使《つか》うおもな調《ちょう》理《り》道《どう》具《ぐ》

和食《わしょく》ならではの道具《どうぐ》がたくさんある。

【計量《けいりょう》カップ】

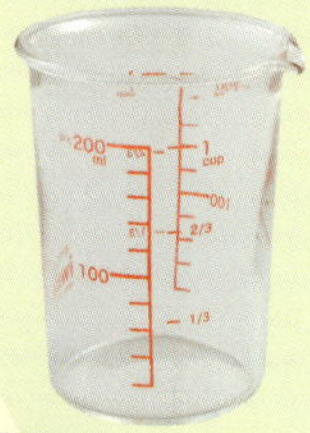

1カップ200mL。

【計量《けいりょう》スプーン】

大《おお》さじは15mL、小《こ》さじは5mL。

【ふきん（さらし）】

水気《みずけ》を吸《す》わせたり、こしたりするときに使《つか》う。

【はかり】

重《おも》さを量《はか》る。

【ピーラー】

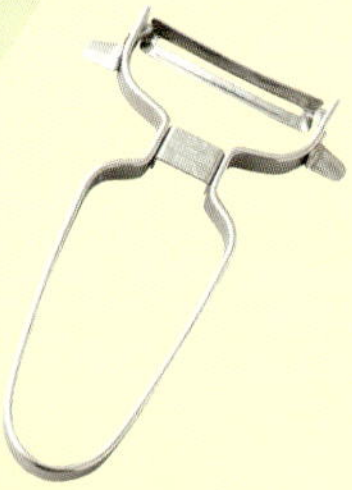

野菜《やさい》の皮《かわ》をむくときに使《つか》う。

【包丁《ほうちょう》】

材料《ざいりょう》を切《き》る基本《きほん》の刃物《はもの》。

【キッチンばさみ】

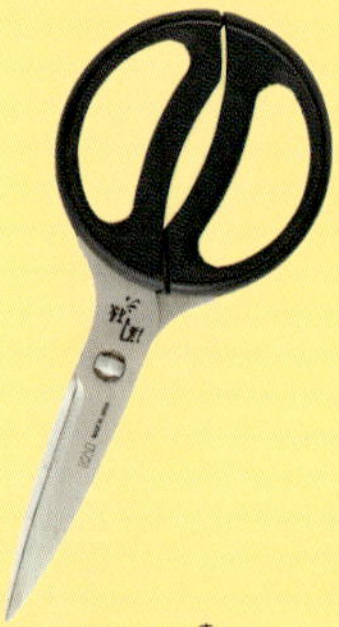

こんぶなどを切《き》るときに便利《べんり》。

【骨抜《ほねぬ》き】

魚《さかな》の骨《ほね》をつまんで抜《ぬ》く。

【おろし器《き》】

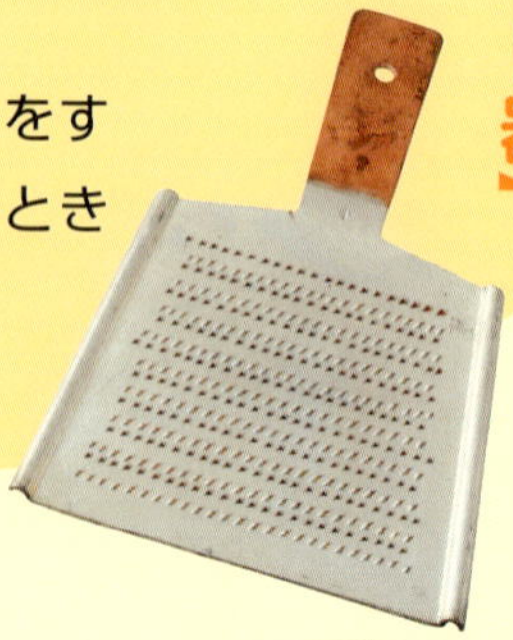

大根《だいこん》などをすりおろすときに使《つか》う。

【まな板《いた》】

厚《あつ》みのあるものだと、安定《あんてい》する。

【ボウル】

材料《ざいりょう》を混《ま》ぜ合《あ》わせるときや、下準備《したじゅんび》などに使《つか》う。

【ざる】

水気《みずけ》を切《き》る。

【盆《ぼん》ざる】

水気《みずけ》を切《き》りつつ、均一《きんいつ》に広《ひろ》げられる。

【バット】

材料《ざいりょう》の下準備《したじゅんび》などに使《つか》う。

【蒸《む》し器《き》】

下《した》の段《だん》で湯《ゆ》をわかし、その蒸気《じょうき》で上《うえ》の段《だん》に入《い》れたものを蒸《む》す。

【なべ】

サイズのちがうものが、いくつかあるとよい。

【たまご焼《や》きなべ】

きれいな形《かたち》のたまご焼《や》きが焼《や》きやすい。

【焼《や》きあみ】

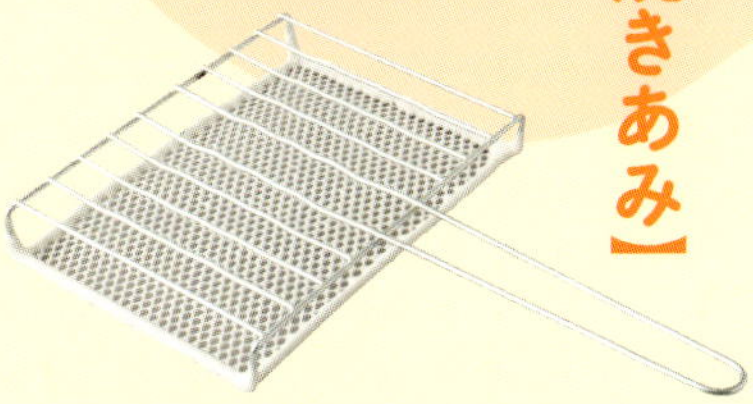

魚《さかな》や肉《にく》などを火《ひ》にかけて焼《や》くときに使《つか》う。

【木《き》しゃもじ】

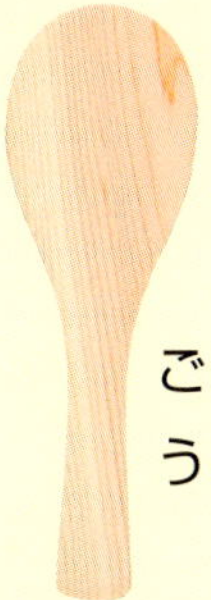

ごはんをよそうときに使《つか》う。

【落《お》としぶた】

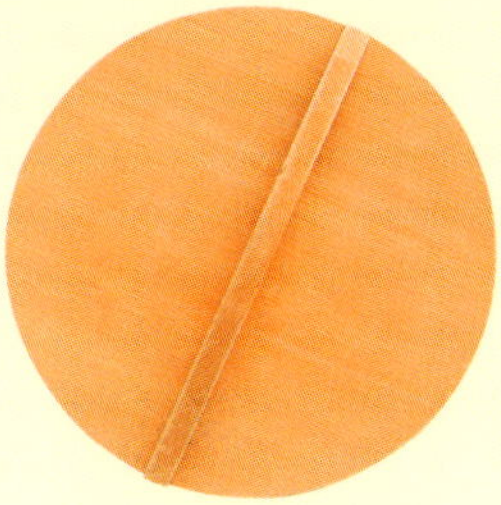

煮《に》ものをつくるときの必《ひつ》需品《じゅひん》。味《あじ》をしみこませる役割《やくわり》がある。なべよりも、一回《ひとまわ》り小《ちい》さいサイズのものを用意《ようい》しよう。

【おたま】

汁《しる》ものなどを盛《も》るときに使《つか》う。

【穴《あな》あきおたま】

汁《しる》につかったものをすくい取《と》る。

【みそこし】【みそこし棒《ぼう》】

みそを手早《てばや》くきれいにこすことができる。

【おひつ】

ごはんを入《い》れておくための、ふたつきのおけ。

【竹《たけ》ぐし】

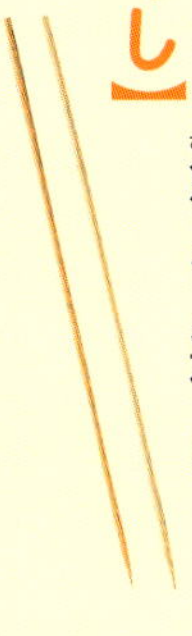

魚《さかな》や肉《にく》にさして食《た》べやすくしたり、火《ひ》の通《とお》り具合《ぐあい》を確《たし》かめたりするときに使《つか》う。

【菜《さい》ばし】

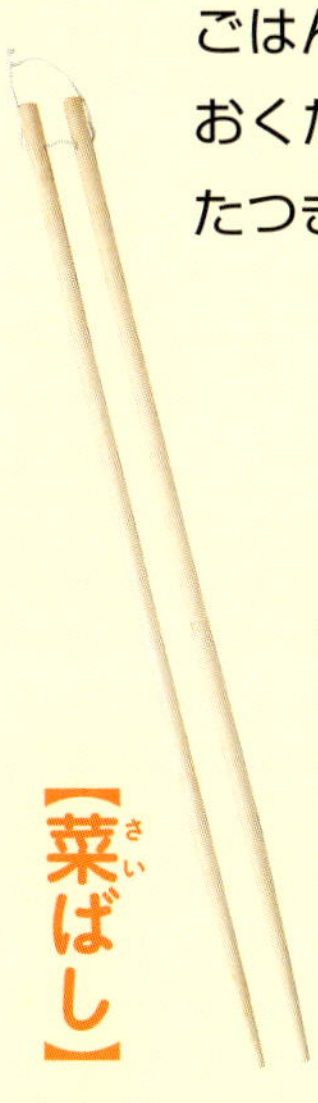

調理用《ちょうりよう》の長《なが》いはし。

【しゃもじ】

和《あ》えるときなどに使《つか》う。

【すりこぎ】【すりばち】

ごまをするときや、材《ざい》料《りょう》をなめらかにするときに使《つか》う。

【巻《ま》きす】

巻《ま》いて形《かたち》を整《ととの》えたり、水気《みずけ》を切《き》ったりするときに使《つか》う。

さあ、
はじめよう！

● 木《き》の道具《どうぐ》は、使《つか》う前《まえ》に水《みず》にくぐらせておこう！

ごはんをたこう！

ごはん

調理《ちょうり》時間《じかん》…約《やく》60分《ぷん》

お弁当OK

ふっくらつやつやのごはんをおなべを使《つか》ってたいてみよう！

使《つか》う道具《どうぐ》

ボウル／ざる／なべ（ふたが重《おも》いもの）
木《き》しゃもじ／おひつ

材料《ざいりょう》（4人分《にんぶん》）

米《こめ》……………… 2カップ
水《みず》……………… 480mL

【おひつ】

とぎ方《かた》いろいろ

米《こめ》の量《りょう》に合《あ》わせて、とぎ方《かた》をくふうしよう！

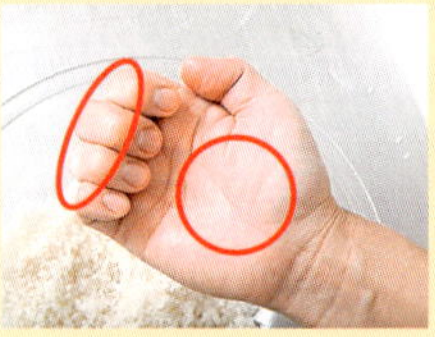

多《おお》いとき

手《て》を左《ひだり》の写真《しゃしん》のような形《かたち》にして、赤《あか》い丸《まる》の部分《ぶぶん》でおし出《だ》すようにとぐ。

少《すく》ないとき

手《て》を洗《あら》うように、やさしくこする。

どちらのとぎ方《かた》でも、力《ちから》を入《い》れすぎると、米《こめ》が割《わ》れてしまうので注意《ちゅうい》しよう！

● 水《みず》の量《りょう》は、米《こめ》の量《りょう》の1.2倍《ばい》。米《こめ》1カップ（200mL）に対《たい》して、水《みず》は200×1.2=240mLになる。

つくり方《かた》

とぐ、浸《ひた》す、蒸《む》らす。この3つのポイントをおさえよう！

1 ボウルに米《こめ》を入《い》れて、たっぷりの水《みず》（＊分量外《ぶんりょうがい》）を加《くわ》えて、1度《ど》さっとかき混《ま》ぜる。

2 はじめは米《こめ》のほこりを落《お》とすだけなので、すぐに水《みず》を捨《す》てる。米《こめ》つぶがこぼれないように、ざるを使《つか》おう。

3 米《こめ》をボウルにもどし、水《みず》を入《い》れずに30回《かい》ほどとぐ（とぎ方《かた》⇨右《みぎ》ページ）。力《ちから》を入《い》れすぎずに、米《こめ》と米《こめ》をすり合《あ》わせるようにとごう。

4 3にたっぷりの水《みず》（＊分量外《ぶんりょうがい》）を加《くわ》え、さっと混《ま》ぜて、すぐにとぎ汁《じる》を捨《す》てる。

3、4をもう一度《いちど》くり返《かえ》す。

5 米《こめ》をボウルにもどし、水《みず》（＊分量外《ぶんりょうがい》）を入《い》れる。その水《みず》が透明《とうめい》になるまで、何度《なんど》か水《みず》をかえる。透明《とうめい》になったら、ざるに上《あ》げて水気《みずけ》を切《き》る。

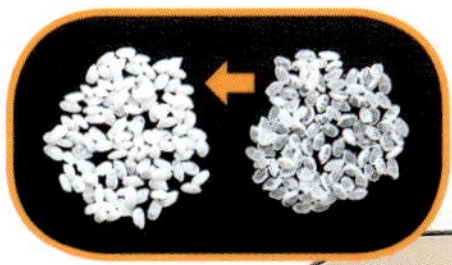

◀しっかり水《みず》を吸《す》った米《こめ》（左《ひだり》）と水《みず》につけた直後《ちょくご》の米《こめ》（右《みぎ》）。

6 米《こめ》をなべに入《い》れ、分量《ぶんりょう》の水《みず》を加《くわ》えて、そのまま30分《ぷん》おく。米《こめ》にしっかり水《みず》を吸《す》わせると、熱《ねつ》が入《はい》りやすくなり、ふっくらごはんがたける。

7 ふたをして強火《つよび》にかけ、ブクブクふっとうしてきたら中火《ちゅうび》にする。ふたを少《すこ》しあけて、中《なか》のようすを見《み》てもよい。

8 米《こめ》の表面《ひょうめん》が見《み》えてブツブツ音《おと》がしたら、弱火《よわび》にする。水分《すいぶん》がなくなり、パチパチとした音《おと》に変《か》わったら、ふたをしたまま10秒間《びょうかん》、強火《つよび》にして火《ひ》を止《と》める。

9 10分《ぷん》ほどしたらふたをあけ、水《みず》でぬらした木《き》しゃもじで、空気《くうき》を入《い》れるよう混《ま》ぜ、上下《じょうげ》をかえす。おひつがあれば、ごはんを移《うつ》す。

● 9で、ふたをあけずに10分間蒸《ぶんかんむ》らすと、つぶの中《なか》までしっかり熱《ねつ》がいきわたり、ふっくらしたごはんになる。

おむすびをつくろう！

おむすび

調《ちょう》理《り》時《じ》間《かん》…約《やく》15分《ふん》

お弁当OK

おいしいごはんがたけたら、あたたかいうちにいろんなおむすびをにぎってみよう！

三角《さんかく》むすび（具《ぐ》入《い》り）のにぎり方《かた》

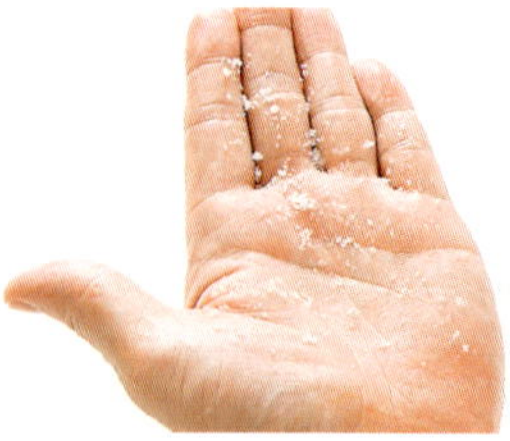

1 ごはんを茶《ちゃ》わんに盛《も》って少《すこ》しさましておく。皿《さら》に水《みず》と塩《しお》を別々《べつべつ》に用意《ようい》して、両手《りょうて》の手《て》の平《ひら》を水《みず》でぬらし、全体《ぜんたい》に塩《しお》を広《ひろ》げる。

2 茶《ちゃ》わんのごはんを左手《ひだりて》にのせて、左手《ひだりて》でかるくにぎる。

3 ごはんの中心《ちゅうしん》を右手《みぎて》で少《すこ》しだけへこませて、そこに具《ぐ》を入《い》れる。

4 まわりのごはんで包《つつ》んで、具《ぐ》をかくすように、ごはんを丸《まる》めていく。

5 右手《みぎて》の指《ゆび》を三角《さんかく》にまげ、あいうの矢印《やじるし》の方向《ほうこう》にころがす。ごはんつぶがつぶれてしまわないように、やさしく、リズムよくにぎろう。

6 三角《さんかく》ができるまで、ころがしてにぎる。角《かど》がしっかりできるように、にぎろう。右手《みぎて》の角度《かくど》が大切《たいせつ》だ。

茶《ちゃ》わん１ぱいで、おむすび１つ分《ぶん》が目安《めやす》！

たわらむすびのにぎり方《かた》

1 右《みぎ》ページの**1**、**2**と同《おな》じく、ぬらした手《て》の平《ひら》に塩《しお》を広《ひろ》げ、ごはんを左手《ひだりて》にのせる。指《ゆび》で丸《まる》めるように、まとめる。

2 右手《みぎて》の親指《おやゆび》と、人差《ひとさ》し指《ゆび》と中指《なかゆび》で両《りょう》はしをおさえて、ころがしながら、たわらの形《かたち》ににぎる。

3 最後《さいご》に手《て》の平《ひら》でかるくころがして、形《かたち》を整《ととの》える。

たいこむすびのにぎり方《かた》

1 右《みぎ》ページの**1**、**2**と同《おな》じく、ぬらした手《て》の平《ひら》に塩《しお》を広《ひろ》げ、ごはんを左手《ひだりて》にのせる。丸《まる》めるように、やさしくにぎる。

2 右手《みぎて》を丸《まる》くして、角《かど》をつくらずころがして丸《まる》める。正面《しょうめん》がくずれてきたら、右手《みぎて》で整《ととの》える。

3 最後《さいご》に、正面《しょうめん》の中心《ちゅうしん》を少《すこ》しだけおしてへこませると形《かたち》がよくなる。

焼《や》きむすびのつくり方《かた》

1 好《す》きな形《かたち》のおむすびをにぎる。熱《あつ》くしたグリルの焼《や》きあみにアルミホイルをしき、その上《うえ》で弱火《よわび》で焼《や》く。焼《や》き色《いろ》がついたら、裏返《うらがえ》して同《おな》じように焼《や》く。

2 小皿《こざら》にしょうゆを入《い》れて、焼《や》きたてのおむすびをころがし、全面《ぜんめん》に、しょうゆをつける。

3 表面《ひょうめん》をかわかすように、グリルで両面《りょうめん》を焼《や》く。目安《めやす》は1分《ぷん》ほど。おいしそうな焼《や》き色《いろ》がついたらでき上《あ》がり。

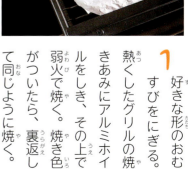

おむすびをつくろう!

おむすびの具《ぐ》

入《い》れたり、混《ま》ぜたり、まぶしたり。おむすびの具《ぐ》たちをしょうかいしよう。

ア…ゆかり®

梅干《うめぼ》しを漬《つ》けるときに一緒《いっしょ》に漬《つ》けた、赤《あか》しそを乾燥《かんそう》させて、粉《こな》にしたもの。

イ…ごま塩《しお》

ごまをいって、塩《しお》と混《ま》ぜ合《あ》わせたもの。黒《くろ》ごまを使《つか》うことが多《おお》い。

ウ…たらこ

冬《ふゆ》にとれる魚《さかな》・たらのたまごを塩《しお》に漬《つ》けたもの。おむすびの具《ぐ》としては、焼《や》いて使《つか》われることも多《おお》い。からし明太子《めんたいこ》は、たらこに、とうがらしなどを加《くわ》えて漬《つ》けたものだ。

エ…梅干《うめぼ》し

梅《うめ》の実《み》を塩漬《しおづ》けにして、干《ほ》したもの。赤《あか》しそを加《くわ》えると、赤梅干《あかうめぼ》しになる。

オ…おかか

かつおぶしに、しょうゆを加《くわ》えて使《つか》う。梅干《うめぼ》しを混《ま》ぜた、梅《うめ》おかかも使《つか》われる。

カ…さけ

塩《しお》さけを焼《や》いて、ほぐして使《つか》う。細《こま》かくほぐしてからいると、長持《ながも》ちする。

キ…塩《しお》こんぶ

細《ほそ》く切《き》ったこんぶを、塩《しお》、しょうゆ、みりんなどで味《あじ》つけしたもの。

つくってみよう!

梅《うめ》おかか

①梅干《うめぼ》しは、種《たね》を取《と》りのぞき、包丁《ほうちょう》でたたくようにきざむ。
②かつおぶし(梅干《うめぼ》し1つにつき3gほど)を加《くわ》えて混《ま》ぜる。
③しょうゆ小《こ》さじ$\frac{1}{2}$ほど加《くわ》えて混《ま》ぜる。

ごまのいり方《かた》は、40ページを見《み》よう!

焼《や》きのりなどの巻《ま》き方《かた》

いろんな巻《ま》き方《かた》がある。中《なか》の具《ぐ》とともに、おむすびのバリエーションを広《ひろ》げよう！

焼《や》きのりで巻《ま》く

＜焼《や》きのりの切《き》り方《かた》＞

※キッチンばさみで切《き》りましょう。おむすびの大《おお》きさによって必要《ひつよう》な量《りょう》が変《か》わるので、だいたいの目安《めやす》です。

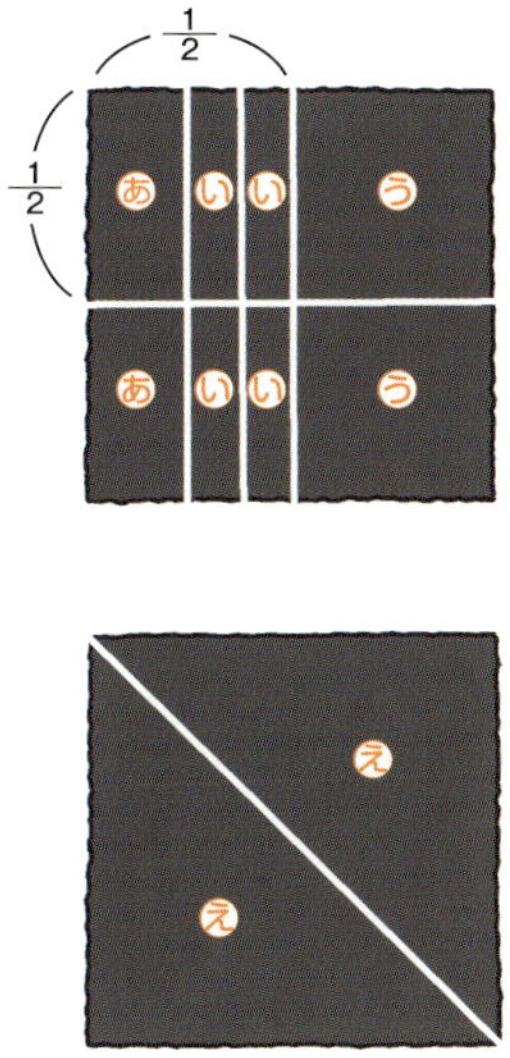

1/2
1/2
あ
い
い
う
あ
い
い
う
え
え

＋▲ 三角《さんかく》むすび（⇩12ページ）と焼《や》きのりのパターン

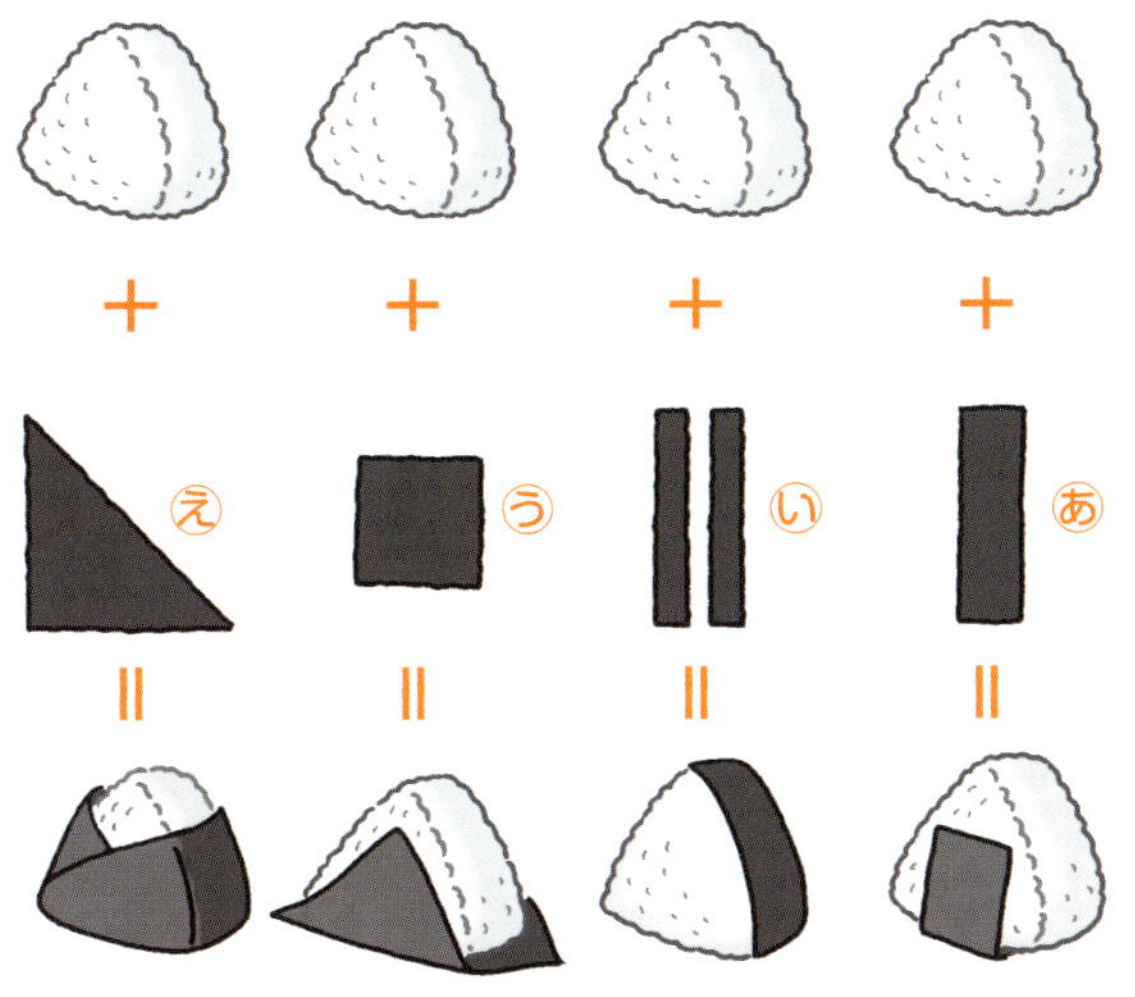

あ
い
う
え

＋■ たわらむすび（⇩13ページ）と焼《や》きのりのパターン

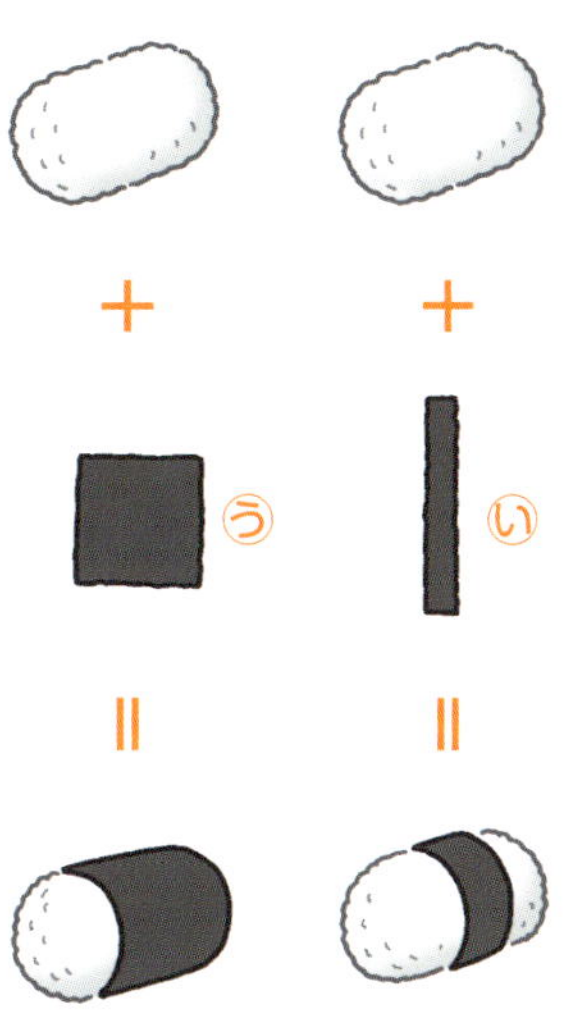

い
う

＋● たいこむすび（⇩13ページ）と焼《や》きのりのパターン

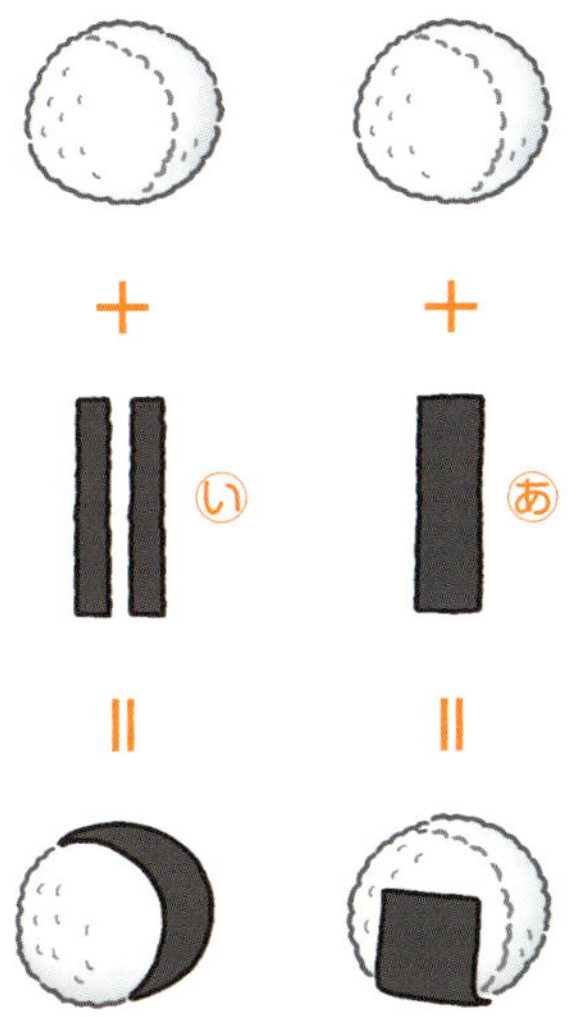

あ
い

着物《きもの》むすびの巻《ま》き方《かた》

焼《や》きのり㋓におむすびをのせ、着物《きもの》を着《き》るように図《ず》の順番《じゅんばん》で巻《ま》く。

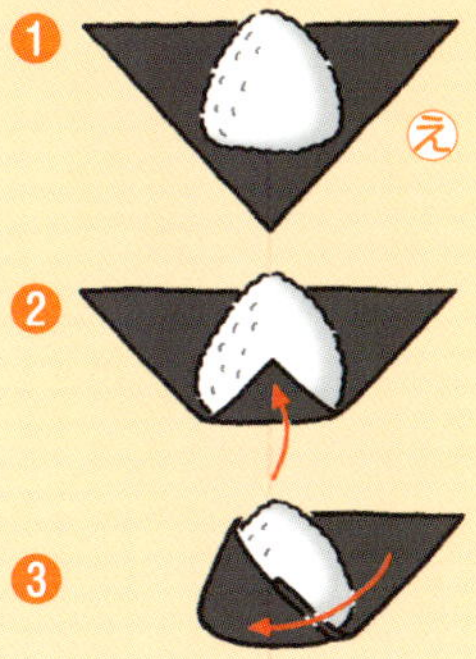

1
え
2
3

とろろこんぶで巻《ま》く

とろろこんぶを、やぶれないように1〜2枚《まい》はがす。その上《うえ》におむすびをのせて、やさしく巻《ま》いていく。

くるくる

ごま塩《しお》などをまぶす

おむすびにごま塩《しお》などの細《こま》かいものをまぶすときは、皿《さら》に広《ひろ》げてから、おむすびにつける。側面《そくめん》だけまぶしたいときは、ころがすようにしてつけよう。

形《かたち》と具《ぐ》と巻《ま》くもので、いろいろな組《く》み合《あ》わせができるね！

おかゆをつくろう！

おかゆ

調理時間《ちょうりじかん》……約《やく》70分《ぷん》

使《つか》う道具《どうぐ》
ボウル／ざる／なべ／しゃもじ

材料《ざいりょう》（4人分《にんぶん》）
米《こめ》……$\frac{1}{2}$カップ
水《みず》……3と$\frac{1}{2}$カップ
塩《しお》……小《こ》さじ1

お米《こめ》を多《おお》めの水《みず》でたいてつくる、おいしいおかゆ。梅干《うめぼ》しなどをそえよう。

つくり方《かた》

中火《ちゅうび》と弱火《よわび》で、あせらずゆっくりつくろう！

1 11ページの**1**〜**5**と同《おな》じように、米《こめ》をとぐ。

2 なべに分量《ぶんりょう》の水《みず》と、といだ米《こめ》を入《い》れ、米《こめ》に水《みず》を吸《す》わせる。30分《ぷん》たったら中火《ちゅうび》にかける。

3 わいてきたら、弱火《よわび》にする。なべの底《そこ》に米《こめ》がくっつかないように、ときどきしゃもじで底《そこ》をはがすように混《ま》ぜる。

4 ふたをして、30分《ぷん》ほどたく。水《みず》が米《こめ》つぶのひたひたぐらいの量《りょう》になってきたら火《ひ》を止《と》めて、塩《しお》を混《ま》ぜる。

アレンジ！

七草《ななくさ》がゆをつくろう！

【春《はる》の七草《ななくさ》】せり／なずな／ごぎょう／はこべ／ほとけのざ／すずな／すずしろ

つくり方《かた》
①おかゆをつくる（つくり方《かた》1〜4）。
②七草《ななくさ》をよく洗《あら》って細《こま》かくきざむ。
③おかゆのなべに七草《ななくさ》を入《い》れて、混《ま》ぜる。

1月《がつ》7日《か》の朝《あさ》に、七草《ななくさ》がゆをいただく習慣《しゅうかん》が古《ふる》くからある。七草《ななくさ》から元気《げんき》をもらって、家族《かぞく》みんなの健康《けんこう》をいのりながら、いただこう。

ぞうすいをつくろう！

たまごぞうすい

調理時間《ちょうりじかん》…約《やく》20分《ぷん》

使《つか》う道具《どうぐ》

ボウル／ざる／土《ど》なべ（ふつうのなべでもよい）／おろし器《き》

材料《ざいりょう》（4人分《にんぶん》）

ごはん……200g
（つくり方《かた》▼10、11ページ）
だし……3カップ
（つくり方《かた》▼18ページ）
塩《しお》……小《こ》さじ$\frac{2}{3}$
うすくちしょうゆ……小《こ》さじ1
しょうが……20g
たまご……1個《こ》
あさつき……少々《しょうしょう》

たいたごはんをだしに入《い》れてつくるぞうすい。たまごがふんわり、やさしいおいしさ。

つくり方《かた》

はじめにごはんを水《みず》で洗《あら》うと、さらさらになる。

1 ごはんをざるに入《い》れ、水《みず》でよく洗《あら》ってぬめりを取《と》る。たきたてのごはんでも、さめたごはんでも同《おな》じようにつくる。

2 なべにだしを入《い》れて、中火《ちゅうび》にかける。ふつふつわいてきたら、ごはんを入《い》れる。塩《しお》とうすくちしょうゆを入《い》れる。

3 皮《かわ》をむいたしょうがをおろし、しょうが汁《じる》を取《と》っておく。けがの元《もと》なので、小《ちい》さくなっておろしにくくなったらやめよう。

4 たまごをボウルに割《わ》る。菜《さい》ばしで黄身《きみ》と白身《しろみ》をざっくりと混《ま》ぜて、ときたまごをつくる。

5 ぐらぐらわいたところに、ときたまごを少《すこ》しずつ回《まわ》し入《い》れる。菜《さい》ばしでゆっくり混《ま》ぜると、たまごがういてくる。

6 火《ひ》を止《と》め、ふたをして3分《ぷん》ほどおく。最後《さいご》に、**3**のしょうが汁《じる》をかける。器《うつわ》に盛《も》り、小口切《こぐちぎ》りにした、あさつきをのせる。

● たまごのあつかい方《かた》は、39ページを見《み》よう！

だしを知《し》ろう

和食《わしょく》で使《つか》うだしは、おもに、かつおぶし、こんぶ、にぼしからとる。おいしさのひみつは、「うま味《み》」にある。あまい、すっぱい、しょっぱい、苦《にが》いと並《なら》ぶ大切《たいせつ》な味覚《みかく》だ。うま味《み》を引《ひ》き出《だ》すので、だしをとることを「だしを引《ひ》く」ともいう。

かつおぶし

かつおぶしは、世界一《せかいいち》かたい食《た》べもので、良《よ》いものは2本打《ほんう》ち合《あ》わせると金属音《きんぞくおん》がするほどだ。そのままでは食《た》べられないので、けずって使《つか》う。おもに、鹿児島県《かごしまけん》と静岡県《しずおかけん》でつくられている。

●かつおぶしができるまで

かつお
煮《に》て、いぶして、カビをつけて……。
かつおぶし
カビつけと乾燥《かんそう》をくり返《かえ》し、4～6か月《げつ》で、でき上《あ》がり！

かつおぶしのけずり方《かた》

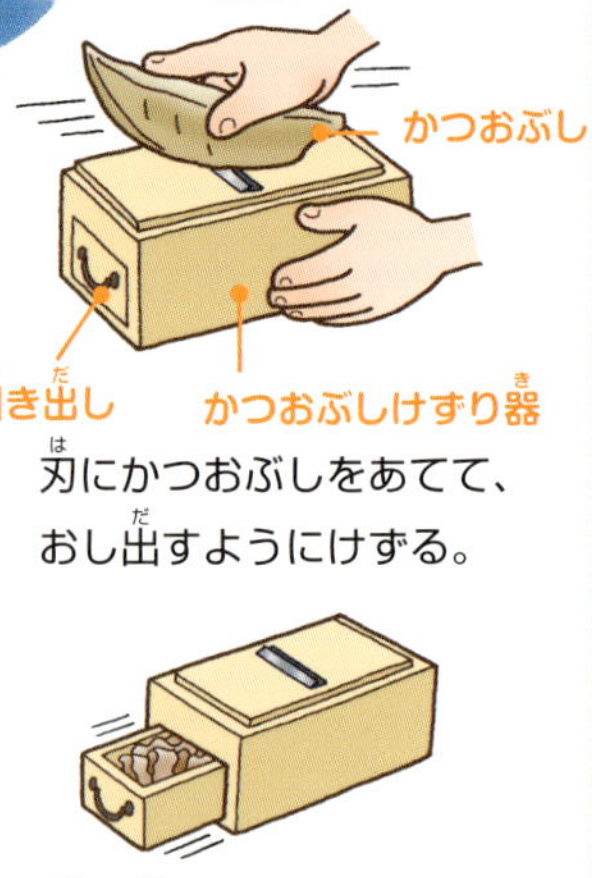
かつおぶし
引《ひ》き出《だ》し
かつおぶしけずり器《き》
刃《は》にかつおぶしをあてて、おし出《だ》すようにけずる。
引《ひ》き出《だ》しをあけると、けずられたかつおぶし！

だしをとろう！

かつおとこんぶのだし

調理時間《ちょうりじかん》…約《やく》20分《ぷん》

使《つか》う道具《どうぐ》 キッチンばさみ／ふきん／なべ／ボウル／盆《ぼん》ざる

材料《ざいりょう》（5カップ分《ぶん》）
こんぶ……18cmほど
かつおぶし……25g
水《みず》……6カップ

1 キッチンばさみでこんぶを切《き》り、水《みず》か、きつくしぼったぬれぶきんで、ほこりをさっと取《と》る。白《しろ》い部分《ぶぶん》はうま味《み》なので落《お》とさない。

2 なべに、こんぶと分量《ぶんりょう》の水《みず》を入《い》れ、中火《ちゅうび》にかける。

3 小《ちい》さいあわがふつふつと上《あ》がってきたら、こんぶを取《と》り出《だ》す。こんぶは、びっくりするくらい大《おお》きくなっている。

4 強火《つよび》にして、ふっとうしたら火《ひ》を止《と》め、表面《ひょうめん》をおおうようにかつおぶしを加《くわ》える。混《ま》ぜずに、菜《さい》ばしで静《しず》かにしずめて1分《ぷん》おく。

ぬれぶきん
盆《ぼん》ざる
ボウル

5 ボウルに盆《ぼん》ざるをのせ、その上《うえ》に水《みず》でぬらしてきつくしぼったふきんをのせて、**4**をこす。

6 ふきんの角《かど》をまとめて、菜《さい》ばしを使《つか》ってだしをしぼる。すんだだしがとれれば、合格《ごうかく》！

●かつおとこんぶのだしは、どの料理《りょうり》にも使《つか》うことができる万能《ばんのう》のだしだ！

こんぶ

こんぶは、海藻《かいそう》のこんぶを干《ほ》したものだ。ほとんどは北海道産《ほっかいどうさん》で、日高《ひだか》、羅臼《らうす》、利尻《りしり》など、とれるところの地名《ちめい》がついていることが多《おお》い。表面《ひょうめん》の白《しろ》い粉《こな》は、うま味成分《みせいぶん》と海水《かいすい》の塩分《えんぶん》によってできたものだ。

●真《ま》こんぶ

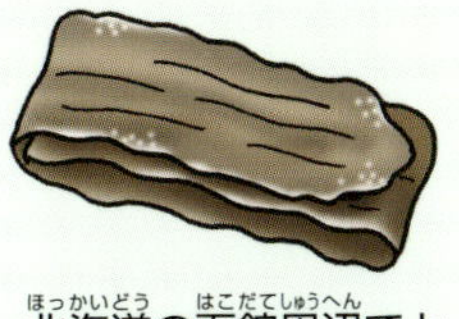

北海道《ほっかいどう》の函館周辺《はこだてしゅうへん》でとれる。はばが広《ひろ》く、厚《あつ》みがある。

●日高《ひだか》こんぶ

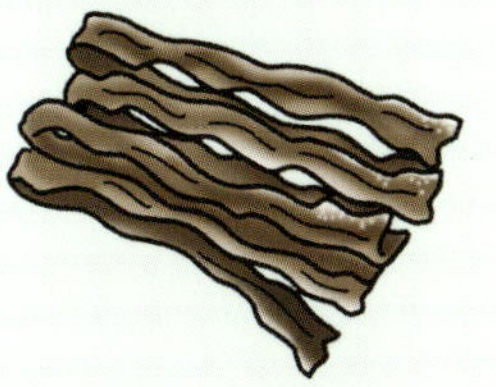

北海道《ほっかいどう》の日高地方《ひだかちほう》でとれる。ねじれた形《かたち》をしている。

にぼし

にぼしは、おもに、かたくちいわしをゆでてから干《ほ》したもので、みそ汁《しる》に使《つか》われることが多《おお》い。ていねいに下準備《したじゅんび》をすると、苦味《にがみ》のないおいしいだしがとれる。

良《よ》いにぼし
○
△

すきとおった黄金色《こがねいろ》になったら、大成功《だいせいこう》！

いいかおり〜！

だしをとろう！

にぼしとこんぶのだし

調理時間《ちょうりじかん》…約《やく》30分《ぷん》

使《つか》う道具《どうぐ》 キッチンばさみ／ふきん／なべ／ボウル／盆《ぼん》ざる

材料《ざいりょう》（5カップ分《ぶん》）

- にぼし……30g
- こんぶ……10cm
- 水《みず》……6カップ

1 にぼしの頭《あたま》を折《お》って取《と》る。頭《あたま》をそのまま使《つか》うと苦《にが》味《み》が出《で》てしまう。

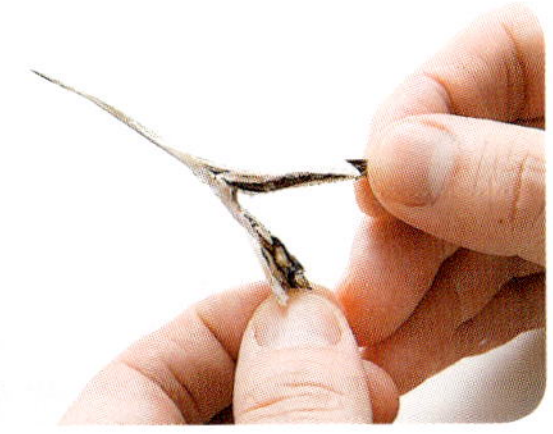

2 だしが出《で》やすいように、身《み》をたて2つにさく。

3 中《なか》にある、ぽろりと取《と》れる黒《くろ》い部分《ぶぶん》を取《と》る。これは魚《さかな》の内臓《ないぞう》で、「わた」という。

頭《あたま》
わた

苦味《にがみ》が出《で》るので使《つか》わない。

4 なべに、こんぶ（右《みぎ》ページの1と同《おな》じ）、水《みず》、頭《あたま》とわたを取《と》ったにぼしを入《い》れ、中火《ちゅうび》にかける。

5 煮立《にた》ってきたら、火《ひ》を弱《よわ》め、あくを取《と》りながら、5分《ふん》ほど煮出《にだ》す。

6 右《みぎ》ページの**5**と同《おな》じように、ボウルにきつくしぼったぬれぶきんをおいた盆《ぼん》ざるをのせて、こす。にぼしのだしは、しぼらない。

●にぼしとこんぶのだしは、うま味《み》が強《つよ》いので、みそ汁《しる》などに向《む》いている。

汁《しる》をつくろう！

調理時間《ちょうりじかん》…約《やく》20分《ぷん》

とうふとわかめのみそ汁《しる》

お湯をわかす

使《つか》う道具《どうぐ》

ボウル／なべ／ざる／みそこし／みそこし棒《ぼう》

材料《ざいりょう》（4人分《にんぶん》）

とうふ（木綿《もめん》）・・・ 1/2丁《ちょう》

わかめ（塩蔵《えんぞう》のもの10gをもどして）・・・・ 30〜40g

だし・・・・・・3カップ（つくり方《かた》▼18、19ページ）

みそ・・・・・・・・・・60g

とうふとわかめは火《ひ》の通《とお》りが早《はや》いので、みそをといたあとに入《い》れよう。

つくり方《かた》

とうふをくずさずに切《き》れるようになろう！

1 とうふをまな板《いた》におき、手《て》をそえて、水平《すいへい》に3段《だん》に切《き》る。とうふはやわらかいので、力《ちから》を入《い》れなくてもよく切《き》れる。ゆっくり切《き》ろう。

2 1.5㎝のサイコロ形《がた》になるように、手《て》をそえて切《き》る。たての長《なが》いほうを4等《とう》分《ぶん》くらいに切《き》ってから、短《みじか》いほうを切《き》っていく。

3 わかめは水《みず》でよく洗《あら》ってから、5分《ふん》ほど水《みず》につけて塩《しお》をぬく。それから、熱湯《ねっとう》に30秒《びょう》ほど入《い》れて、ふくらんだら、ざるに上《あ》げてさます。

4 わかめを広《ひろ》げて、かたいすじを切《き》りのぞく。次《つぎ》に、2㎝角《かく》くらいの食《た》べやすい大《おお》きさに切《き》りそろえる。

5 なべにだしを入《い》れて、強火《つよび》にかける。わいてきたら、みそをとく。

6 とうふ、わかめの順《じゅん》に入《い》れて、中火《ちゅうび》にする。とうふがういてきたら、火《ひ》を止《と》める。

みそ汁《しる》は、できたてを「煮《に》えばな」といって、いちばんおいしい。できたてを食《た》べよう！

じゃがいもと玉《たま》ねぎのみそ汁《しる》

調理時間《ちょうりじかん》…約《やく》25分《ふん》

使《つか》う道具《どうぐ》

ピーラー／ボウル／なべ／ざる／竹《たけ》ぐし／みそこし／みそこし棒《ぼう》

材料《ざいりょう》(4人分《にんぶん》)

じゃがいも(中《ちゅう》)……2個《こ》
玉《たま》ねぎ(中《ちゅう》)……1/2個《こ》
だし……3と1/2カップ
(つくり方《かた》▼18、19ページ)
みそ……60g

じゃがいもは火《ひ》が通《とお》るまで時間《じかん》がかかるので、常温《じょうおん》のだしからゆでて、みそをとこう。

つくり方《かた》

じゃがいもは、大《おお》きさをそろえて切《き》ろう。

1 じゃがいもをよく洗《あら》い、半分《はんぶん》に切《き》ってピーラーなどで皮《かわ》をむく。次《つぎ》に、食《た》べやすい大《おお》きさに切《き》って、水《みず》にさらす。

2 玉《たま》ねぎは、半分《はんぶん》に切《き》ってから皮《かわ》をむく。根《ね》のほうのかたい部分《ぶぶん》は三角《さんかく》に切《き》り落《お》とし、中心《ちゅうしん》に向《む》かってくし形《がた》に切《き》る。

3 なべにだし(常温《じょうおん》)を入《い》れ、水《みず》気《け》を切《き》ったじゃがいもを加《くわ》えて、中火《ちゅうび》にかける。

4 じゃがいもに竹《たけ》ぐしをさしてみて、すっと通《とお》るくらいのやわらかさになるまで煮《に》る。目安《めやす》は12分《ふん》。

5 玉《たま》ねぎを加《くわ》え、ういてきたあくを取《と》る。

6 玉《たま》ねぎに透明感《とうめいかん》が出《で》て火《ひ》が通《とお》ったら、みそをといて、火《ひ》を止《と》める。

● 野菜《やさい》のあくをぬくために水《みず》に浸《ひた》すことを「(水《みず》に) さらす」という。

汁《しる》をつくろう！

しじみのみそ汁《しる》

調理時間《ちょうりじかん》…約《やく》15分《ふん》

しじみから、おいしいだしがたっぷり出《で》る。前《まえ》の日《ひ》から準備《じゅんび》しよう！

使《つか》う道具《どうぐ》

ボウル／ざる／なべ／みそこし／みそこし棒《ぼう》

材料《ざいりょう》（4人分《にんぶん》）

しじみ……250g
水《みず》……3と$\frac{1}{2}$カップ
こんぶ……10cm
みそ……60g

つくり方《かた》

こんぶと合《あ》わせると、おいしさアップ！

1 水《みず》（＊分量外《ぶんりょうがい》）をはったボウルに、砂《すな》をはかせたしじみを入《い》れ、手《て》に取《と》ってかるくこすり合《あ》わせる。からのよごれなどを落《お》とす。

2 なべに、水《みず》、こんぶ、ざるに上《あ》げたしじみを入《い》れ、中火《ちゅうび》にかけて、ゆっくりと味《あじ》を煮出《にだ》す。

3 汁《しる》がわいてきたら、こんぶを取《と》り出《だ》し、白《しろ》いあくを取《と》る。こんぶは、長《なが》く煮《に》すぎるとぬめりや色《いろ》が出《で》てくるので注意《ちゅうい》しよう。

4 しじみのからが開《ひら》いたら、みそをとき、ふつふつさせてから火《ひ》を止《と》める。

はじめに準備《じゅんび》！

しじみに砂《すな》をはかせよう！

しじみなどの貝類《かいるい》は、からの中《なか》に砂《すな》が入《はい》っていることが多《おお》い。水《みず》をはった容器《ようき》に入《い》れて、ふたをして、暗《くら》いところに一晩《ひとばん》おいておこう。貝《かい》の中《なか》の砂《すな》がはき出《だ》されて、みそ汁《しる》がじゃりじゃりしなくなる。

● あさりでもおいしくできる。あさりは、塩水《しおみず》で砂《すな》をはかせよう。

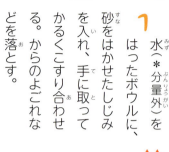

汁《しる》をつくろう！

はんぺんと三《み》つ葉《ば》のおすまし

調理時間《ちょうりじかん》…約《やく》15分《ふん》

使《つか》う道具《どうぐ》 なべ

材料《ざいりょう》(4人分《にんぶん》)

はんぺん……50g
三《み》つ葉《ば》……8本《ぽん》
ゆず……1個《こ》
だし……3カップ
（つくり方《かた》▼18ページ）
塩《しお》……小《こ》さじ$\frac{2}{3}$
うすくちしょうゆ……小《こ》さじ$\frac{1}{2}$

つくり方《かた》

1 はんぺんを1㎝角《かく》に切《き》る。

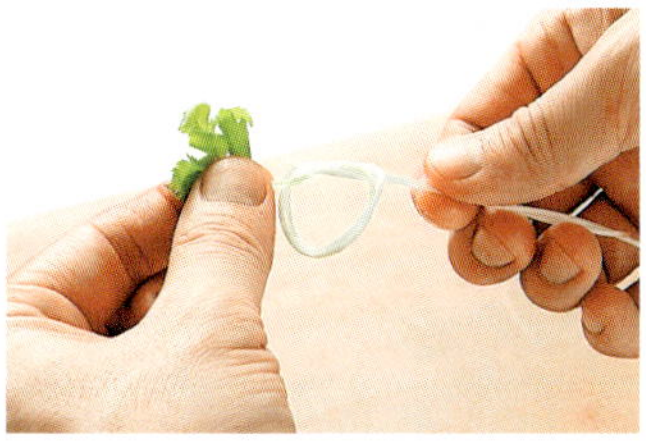

2 三《み》つ葉《ば》は洗《あら》って、2本《ほん》ずつに分《わ》け、葉《は》の近《ちか》くでゆるくひとつ結《むす》びにする。これを「結《むす》び三《み》つ葉《ば》」という。長《なが》いので、余《よ》分《ぶん》なところは切《き》る。

すきとおったおすましに、かおりをそえよう。

むずかしければ、大人《おとな》にやってもらおう！

3 ゆずの皮《かわ》をうすく切《き》る。親指《おやゆび》のつめくらいの大《おお》きさが、1人分《ひとりぶん》の目安《めやす》。けがをしないように注意《ちゅうい》しよう。

4 だしを中火《ちゅうび》にかけ、ふつふつしたら、塩《しお》とうすくちしょうゆを入《い》れる。

5 **1**のはんぺんを入《い》れ、ふたたびふつふつしてわいてきたら、火《ひ》を止《と》める。器《うつわ》に盛《も》り、三《み》つ葉《ば》とゆずの皮《かわ》をかざる。

おすましにうかべて、季節《きせつ》のかおりをそえるものを「吸《す》い口《くち》」という。秋《あき》〜冬《ふゆ》はゆず、春《はる》は木《き》の芽《め》、夏《なつ》はみょうがなどが使《つか》われる。

焼《や》いてみよう！

だし巻《ま》きたまご

調理時間《ちょうりじかん》… 約《やく》20分《ぶん》

お弁当OK

しっとり黄金色《こがねいろ》のだし巻《ま》きたまご。形《かた》はあとで整《ととの》えるので、思《おも》い切《き》ってつくろう！

使《つか》う道具《どうぐ》

ボウル
たまご焼《や》きなべ
巻《ま》きす
ガーゼ
（キッチンペーパーでもよい）

【たまご焼《や》きなべ】

【巻《ま》きす】

材料《ざいりょう》（1本分《ぼんぶん》）

たまご……3個《こ》
だし……45 mL
（つくり方《かた》▼18ページ）
かたくり粉《こ》……小《こ》さじ$\frac{1}{2}$
酒《さけ》……小《こ》さじ2
塩《しお》……小《こ》さじ$\frac{1}{4}$
みりん……小《こ》さじ2
サラダ油《あぶら》……適量《てきりょう》
大根《だいこん》……100g
（大根《だいこん》おろし用《よう》。お好《この》みで）

アレンジ！

ひょうたん形《がた》のだし巻《ま》きたまごをつくってみよう！

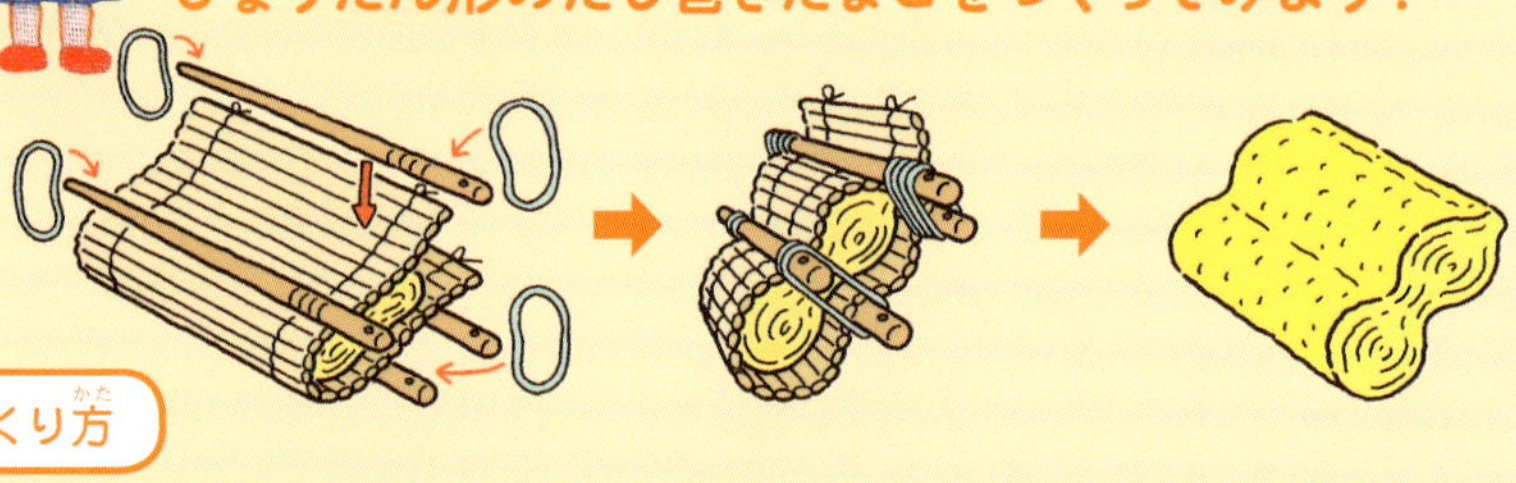

つくり方《かた》

左《ひだり》ページのつくり方《かた》の**8**の次《つぎ》に、菜《さい》ばしを図《ず》のようにおき、輪《わ》ゴムで止《と》める。さめてから巻《ま》きすをはずすと、ひょうたん形《がた》のだし巻《ま》きたまごのでき上《あ》がり！

つくり方《かた》

かたくり粉《こ》を入《い》れると、巻《ま》きやすくなる。

1 ボウルにたまごを割《わ》り、よく混《ま》ぜる。次《つぎ》に、酒《さけ》、塩《しお》、みりんを入れ、次《つぎ》に、かたくり粉《こ》をといただしを加《くわ》えて、よく混《ま》ぜる。

2 たまご焼《や》きなべを中火《ちゅうび》で熱《ねっ》して、ガーゼなどで多《おお》めの油《あぶら》をまんべんなく引《ひ》く。**1**のたまご液《えき》を少《すこ》したらしてみて、ジュッと音《おと》がするくらいまで熱《ねっ》する。

3 たまご焼《や》きなべにたまご液《えき》の$\frac{1}{4}$を入《い》れる。表面《ひょうめん》のふくらんでくるところは菜《さい》ばしでつつく。だんだん固《かた》まってくる。

4 表面《ひょうめん》が完全《かんぜん》に固《かた》まらないうちに、菜《さい》ばしをたまごの手《て》前《まえ》の下《した》に入《い》れて、手《て》前《まえ》から奥《おく》へ、少《すこ》しずつ、巻《ま》く。

5 いちばん奥《おく》まで巻《ま》いたら、手前《てまえ》まですべらせてもってくる。奥《おく》のあいたところに、ガーゼで油《あぶら》をぬる。

6 あいたところへ、残《のこ》ったたまご液《えき》の$\frac{1}{3}$を入《い》れる。焼《や》けたたまごの下《した》を少《すこ》し持《も》ち上《あ》げて、たまご液《えき》を少《すこ》し流《なが》しこみ、ふたたび手前《てまえ》から奥《おく》へ巻《ま》いていく。

7 たまご液《えき》がなくなるまで、**5**、**6**をくり返《かえ》す。最後《さいご》に巻《ま》きすで形《かたち》を整《ととの》えるので、少《すこ》しくらい形《かたち》がくずれてもだいじょうぶ。

8 焼《や》き終《お》わったら、熱《あつ》いうちに巻《ま》きすにのせて巻《ま》く。

9 切《き》り口《くち》がだ円形《えんけい》になるように、巻《ま》きすで形《かたち》を整《ととの》える。そのまま5分《ふん》ほどおいて、さましてから巻《ま》きすをはずし、厚《あつ》さ2㎝に切《き》る。

● たまごのあつかい方《かた》は、39ページを見《み》よう。
● 大根《だいこん》おろしをそえるときは、27ページを見《み》てみよう。

焼《や》いてみよう！

調理時間《ちょうりじかん》…約《やく》15分《ふん》

塩《しお》さけの焼《や》きものと大根《だいこん》おろし

お弁当OK

切《き》り身《み》をあみで焼《や》いてみよう。きれいな焼《や》き色《いろ》をめざそう！

使《つか》う道具《どうぐ》

焼《や》きあみ

ピーラー／おろし器《き》／ふきん／バット

材料《ざいりょう》（1人分《ひとりぶん》）

塩《しお》さけ……切《き》り身《み》1切《き》れ

大根《だいこん》……100g

【焼《や》きあみ】

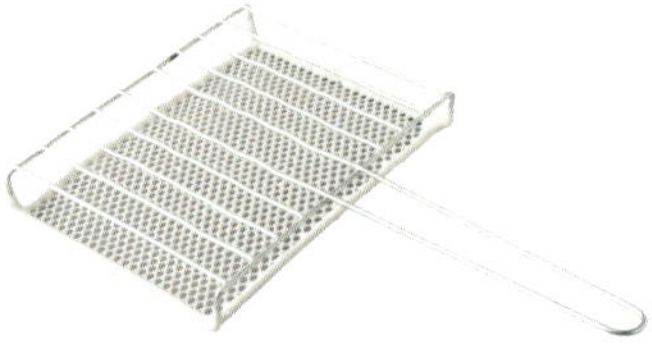

【おろし器《き》】

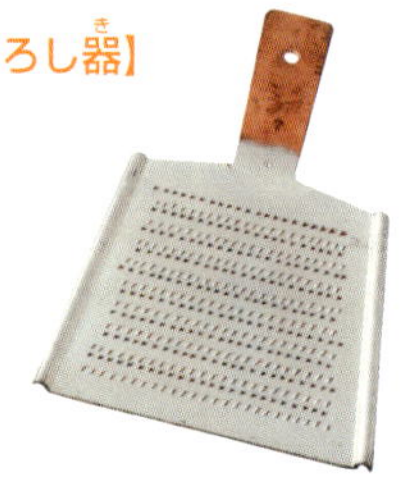

さけの切《き》り身《み》とは？

●さけの切《き》り身《み》は、おもに生《なま》のままのものと塩味《しおあじ》のものがある。どちらも水《みず》で洗《あら》うとうま味《み》がにげてしまうので、そのまま使《つか》おう。気《き》になるよごれがあったら、キッチンペーパーでやさしくふこう。

●塩味《しおあじ》の切《き》り身《み》の多《おお》くは、甘塩《あまじお》味《あじ》か辛塩味《からしおあじ》だ。塩《しお》をふってあることで長《なが》く保存《ほぞん》ができて、くさみが取《と》れるんだ。「甘塩《あまじお》」といっても甘《あま》いわけではなく、塩分《えんぶん》のこさを区別《くべつ》するための表示《ひょうじ》だ。

甘塩《あまじお》：塩分《えんぶん》ひかえめ

辛塩《からしお》：塩分多《えんぶんおお》め

つくり方《かた》

くっつかないように焼《や》くコツは、はじめにあみを熱《ねっ》しておくこと！

1 焼《や》きあみを強火《つよび》で1分《ぷん》ぐらい焼《や》く。熱《ねっ》しておくと、魚《さかな》があみにつきにくくなる。

2 皿《さら》に盛《も》るとき、表《おもて》(上《うえ》)にする面《めん》を下《した》にして中火《ちゅうび》で焼《や》く。はじめに焼《や》く面《めん》のほうが、きれいに焼《や》ける。

3 菜《さい》ばしで魚《さかな》を少《すこ》し持《も》ち上《あ》げてみて、あみにつかずに、きれいな焼《や》き色《いろ》がついているかを確認《かくにん》する。

4 きれいな焼《や》き色《いろ》がついたら、裏《うら》返《がえ》して同《おな》じように焼《や》く。
最初《さいしょ》に焼《や》いた面《めん》を表《おもて》にして盛《も》る。

グリルでの焼《や》き方《かた》

グリルで焼《や》くときは、グリルのあみにアルミホイルをしいて、はじめに、盛《も》るときに上《うえ》にするほうを上《うえ》にして焼《や》く。焼《や》けたら裏返《うらがえ》して焼《や》く。

焼《や》き加減《かげん》が見《み》えにくいので、小《こ》まめに焼《や》き具合《ぐあい》を確認《かくにん》しよう。

大根《だいこん》おろしのつくり方《かた》

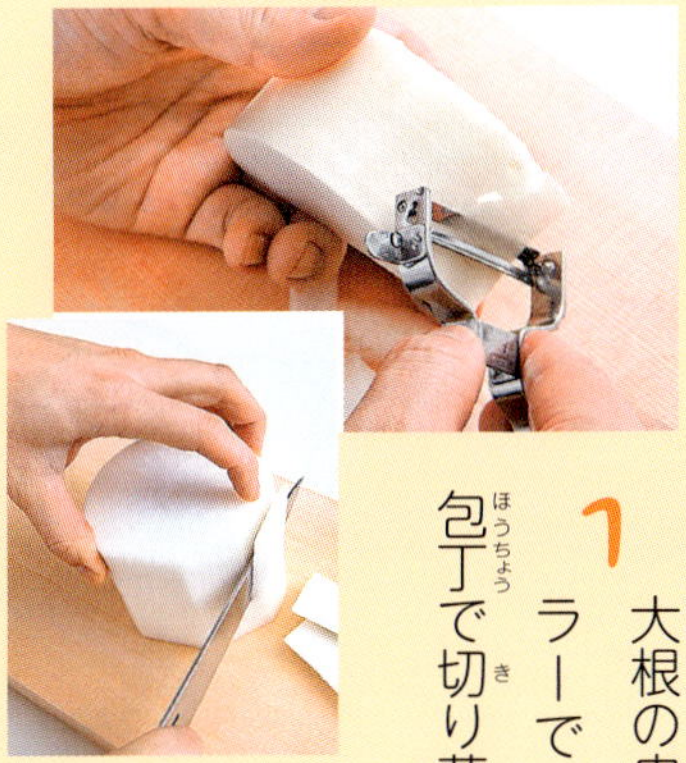

1 大根《だいこん》の皮《かわ》をピーラーでむくか、包丁《ほうちょう》で切《き》り落《お》とす。

けがをしないように注意《ちゅうい》しよう！

2 ふきんを水《みず》にぬらしてきつくしぼり、バットにしく。その上《うえ》に、おろし器《き》をのせて、大根《だいこん》をおろす。おろしにくくなったらやめる。

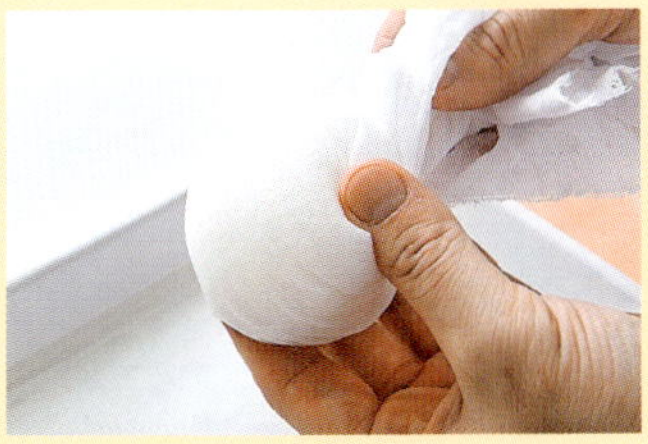

3 ふきんをまとめて、大根《だいこん》おろしの水気《みずけ》をかるくしぼる。汁《しる》が少《すこ》し残《のこ》るくらいでよい。

● 大根《だいこん》おろしの**2**は、最後《さいご》までおろすと手《て》にけがをしてしまうので、小《ちい》さくなっておろしにくくなったらやめよう。

煮《に》てみよう！

かぼちゃの煮《に》もの

調理時間《ちょうりじかん》…約《やく》25分《ふん》

お弁当OK

ほくほくしっとりおいしいかぼちゃ。
煮《に》くずさずに、味《あじ》をしっかりとしみこませよう。

使《つか》う道具《どうぐ》

スプーン／食品用《しょくひんよう》ラップ
電子《でんし》レンジ／なべ
落《お》としぶた
（なべより小《ちい》さいもの）
竹《たけ》ぐし

【落《お》としぶた】

材料《ざいりょう》（4人分《にんぶん》）

かぼちゃ……$\frac{1}{4}$個《こ》（400g）
だし……1と$\frac{1}{2}$カップ
（つくり方《かた》▼18ページ）
砂糖《さとう》……大《おお》さじ2と$\frac{1}{2}$
うすくちしょうゆ……大《おお》さじ1と$\frac{1}{2}$
酒《さけ》……大《おお》さじ1

煮《に》くずれを防《ふせ》ごう！

ポイント1　種《たね》があったやわらかい部分《ぶぶん》を切《き》り落《お》とすと、くずれにくくなる。

ポイント2　酒《さけ》は、かぼちゃを煮《に》くずれやすくする性質《せいしつ》があるので、最後《さいご》のほうに入《い》れよう。

ポイント3　火《ひ》を止《と》めたら、なべをすぐにコンロからはずそう。そのままコンロにおいておくと、余熱《よねつ》でどんどんやわらかくなってしまう。

つくり方《かた》

電子《でんし》レンジであたためるときは、やわらかくなりすぎないように注意《ちゅうい》しよう。

1 かぼちゃの種《たね》を、スプーンできれいに取《と》りのぞく。

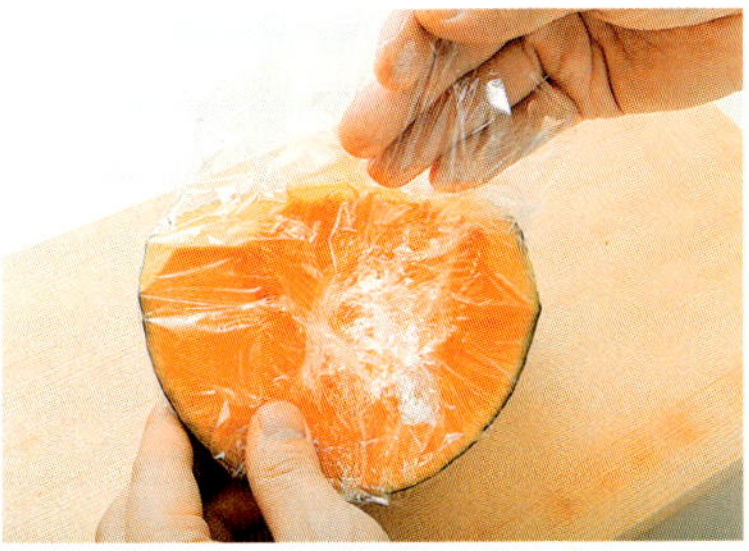

2 かぼちゃはとてもかたいので、ラップをして、電子《でんし》レンジ（600W）で1分半《ぷんはん》ほどあたため、少《すこ》しだけやわらかくする。やけどに注意《ちゅうい》しよう。

けがをしないように注意《ちゅうい》しよう！

3 切《き》り口《くち》を下《した》にして、真《ま》ん中《なか》に包《ほう》丁《ちょう》をおく。包丁《ほうちょう》の背《せ》の部分《ぶぶん》に左手《ひだりて》をおき、刃先《はさき》をまな板《いた》につける。右手《みぎて》を下《した》におしながら、半分《はんぶん》に切《き》る。

4 できるだけ同《おな》じ大《おお》きさ（2〜2.5㎝角《かく》くらい）になるように切《き》る。種《たね》があったやわらかい部分《ぶぶん》は、うすく切《き》り落《お》とすと煮《に》くずれしにくくなる（⇩右《みぎ》ページ）。

5 なべに、常温《じょうおん》のだしを入《い》れる。皮《かわ》を下《した》にしてかぼちゃを並《なら》べ、強火《つよび》にかける。

6 ふっとうしてきたら砂糖《さとう》を入《い》れ、2分《ふん》そのまま煮《に》て、味《あじ》をしみこませる。次《つぎ》にうすくちしょうゆ、酒《さけ》の順《じゅん》に調味料《ちょうみりょう》を入《い》れて落《お》としぶたをして、中火《ちゅうび》にする。

7 あくが出《で》てきたら、ていねいにすくい取《と》る。

8 味《あじ》がしみこむまで落《お》としぶたをして、そのまま煮《に》る。目安《めやす》は8分《ぷん》。

9 竹《たけ》ぐしをさして、すっと通《とお》るようなら火《ひ》を止《と》めて、すぐにコンロからなべをはずす。

● 落《お》としぶたの使《つか》い方《かた》や火加減《ひかげん》の目安《めやす》は、30ページを見《み》よう。

煮《に》てみよう！

肉《にく》じゃが

調理時間《ちょうりじかん》：約《やく》35分《ふん》

お湯をわかす

お弁当OK

具《ぐ》を混《ま》ぜずに煮《に》て、きれいでおいしい肉《にく》じゃがをめざそう。

使《つか》う道具《どうぐ》

ピーラー／ボウル／ざる
なべ／落《お》としぶた（なべより小《ちい》さいもの）
竹《たけ》ぐし

材料《ざいりょう》（4人分《にんぶん》）

じゃがいも（だんしゃく）……300g
しらたき……$\frac{1}{2}$玉《たま》
牛肉《ぎゅうにく》（切《き》り落《お》とし）……150g
だし……2と$\frac{1}{2}$カップ
（つくり方《かた》▼18ページ）
砂糖《さとう》……大《おお》さじ3
しょうゆ……大《おお》さじ3
酒《さけ》……大《おお》さじ1
みりん……大《おお》さじ1
きぬさや（色《いろ》どり用《よう》。お好《この》みで）……少々《しょうしょう》

落《お》としぶたってすごい！

●落《お》としぶたをのせて煮《に》ると、煮汁《にじる》が落《お》としぶたにあたって、ぐるぐる回転《かいてん》して、味《あじ》がしみこみやすくなる。また、ふきこぼれも防《ふせ》いでくれる。直径《ちょっけい》が、なべより一回《ひとまわ》り小《ちい》さいサイズを用意《ようい》しよう。

●落《お》としぶたをしていても、火加減《ひかげん》が合《あ》っているかどうかは、見《み》てわかる。落《お》としぶたの上《うえ》に煮汁《にじる》があふれ出《で》てきているときは、火《ひ》が強《つよ》すぎるので、火《ひ》を弱《よわ》めて調整《ちょうせい》しよう。

●ぶた肉《にく》でも同《おな》じつくり方《かた》で、おいしくできる！

つくり方《かた》

じゃがいもは、しっかりやわらかくなるまで下《した》ゆでしておこう!

1 水《みず》でじゃがいもをよく洗《あら》い、半《はん》分《ぶん》に切《き》る。次《つぎ》に、ピーラーなどで皮《かわ》をむき、食《た》べやすい大《おお》きさに切《き》る。

2 切《き》ったじゃがいもは、すぐに水《みず》にさらす。そのままおいておくと、あくが出《で》て黒《くろ》ずんできてしまう。じゃがいもを切《き》り終《お》わったら水《みず》を切《き》り、なべに入《い》れる。

3 なべに、たっぷりの水《みず》をはって強火《つよび》にかける。火《ひ》加《か》減《げん》を調整《ちょうせい》しながら、12分《ふん》ほどゆでる。竹《たけ》ぐしをさして、すっと通《とお》ったらざるに上《あ》げる。

4 しらたきを熱湯《ねっとう》で1〜2分《ふん》湯《ゆ》がいてあくを取《と》る。ざるに上《あ》げてさまし、3〜4㎝に切《き》る。

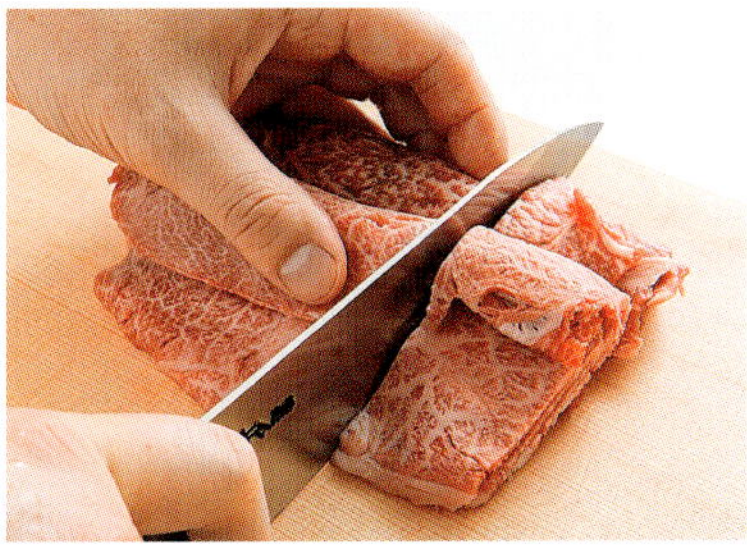

5 牛肉《ぎゅうにく》を食《た》べやすい大《おお》きさに切《き》る(牛肉《ぎゅうにく》は洗《あら》わない)。切《き》ったあと、ほぐしておこう。

6 なべに**3**のじゃがいもを入《い》れてから、だし(常温《じょうおん》)を入《い》れて強火《つよび》にかける。煮《に》えてきたら砂糖《さとう》を加《くわ》え、落《お》としぶたをして3分《ぷん》ほど煮《に》る。

7 しょうゆ、酒《さけ》、みりんの順《じゅん》に調《ちょう》味料《みりょう》を入《い》れてから、場所《ばしょ》をつくって、しらたきを加《くわ》える。落《お》としぶたをして、さらに中火《ちゅうび》で煮《に》る。

8 煮汁《にじる》が半分《はんぶん》くらいになるまで、火加減《ひかげん》を調節《ちょうせつ》しながら8分《ぷん》ほど煮《に》る。途《と》中《ちゅう》でかき混《ま》ぜないこと!

9 じゃがいもに味《あじ》がしみたら、場《ば》所《しょ》をつくり、牛肉《ぎゅうにく》を入《い》れる。あくを取《と》りながら、肉《にく》の色《いろ》がおいしそうな茶色《ちゃいろ》になるまで煮《に》る。

ゆでたきぬさやなどの緑色《みどりいろ》のものを最後《さいご》に加《くわ》えると、色《いろ》どりがよくなる!

ゆでてみよう！

調理時間《ちょうりじかん》…約《やく》20分《ぷん》

枝豆《えだまめ》の塩《しお》ゆで

あざやかな緑色《みどりいろ》、きゅっとした歯《は》ごたえ。夏《なつ》の定番《ていばん》・枝豆《えだまめ》をおいしくゆでよう！

お湯をわかす

お弁当OK

使《つか》う道具《どうぐ》

キッチンばさみ／盆《ぼん》ざる／ふきん
すりばち／なべ／うちわ

【盆《ぼん》ざる】

材料《ざいりょう》（4人分《にんぶん》）

枝豆《えだまめ》……………300g
塩《しお》……………大《おお》さじ1

はじめに準備《じゅんび》！

豆《まめ》の大《おお》きさに合《あ》わせて、さやの切《き》り方《かた》を変《か》えよう！

豆《まめ》が大《おお》きくなると、その分《ぶん》、ゆで上《あ》がるまで時間《じかん》がかかる。さやを切《き》って、ゆでやすくしよう！

6月《がつ》くらい 小《ちい》さめ

まだ若《わか》いので枝《えだ》つきのままでよい。

7月《がつ》くらい 中《ちゅう》くらい

枝《えだ》についていたほうの先《さき》を少《すこ》し切《き》る。

8月《がつ》くらい 大《おお》きめ

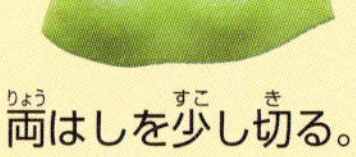

両《りょう》はしを少《すこ》し切《き》る。

つくり方《かた》

枝豆《えだまめ》のうぶ毛《げ》を取《と》ると、見《み》た目《め》もおいしさもアップ！

1 さやをキッチンばさみで切《き》る。右《みぎ》ページの「はじめに準備《じゅんび》！」を参考《さんこう》にして、豆《まめ》の大《おお》きさに合《あ》った切《き》り方《かた》をしてみよう。

2 盆《ぼん》ざるに枝豆《えだまめ》をのせ、水《みず》でよく洗《あら》い、かるく水気《みずけ》を切《き》る。

3 枝豆《えだまめ》をすりばちに入《い》れ、大《おお》さじ1の塩《しお》をふる。手《て》の平《ひら》ですりばちのぎざぎざにこするようにして塩《しお》をしみこませ、うぶ毛《げ》を取《と》る。

4 ぐらぐらした湯《ゆ》に、塩《しお》がついたままの枝豆《えだまめ》を入《い》れる。強火《つよび》で一気《いっき》にゆでるのは、色《いろ》が変《か》わらないようにするためだ。

5 ういてきたあくやうぶ毛《げ》は、こまめにすくい取《と》る。2〜3分《ぷん》たったら、ひとつ取《と》り出《だ》してかたさを確認《かくにん》する。

6 好《この》みのかたさにゆで上《あ》がっていたら、盆《ぼん》ざるに上《あ》げ、平《たい》らに広《ひろ》げる。

7 熱《あつ》いうちに全体《ぜんたい》に少《すこ》しの塩《しお》（＊分量外《ぶんりょうがい》）をふる。

8 うちわであおいでさます。すぐにさますと、きれいな緑色《みどりいろ》になる。

知《し》ってる？

枝豆《えだまめ》ってどんな豆《まめ》？

枝豆《えだまめ》は、大《おお》きくなると大豆《だいず》になる。大豆《だいず》は納豆《なっとう》やとうふ、みそやしょうゆの原料《げんりょう》になる、和食《わしょく》にはかかせない食材《しょくざい》だ。

● でき上《あ》がったら枝豆《えだまめ》のからを入《い》れる容器《ようき》を用意《ようい》して、一緒《いっしょ》にテーブルに出《だ》そう。

ゆでてみよう！

ほうれん草《そう》のおひたし

調理時間《ちょうりじかん》…約《やく》15分《ふん》

お湯をわかす

お弁当OK

ほうれん草《そう》を色《いろ》よく、しゃきっとゆでてみよう！

使《つか》う道具《どうぐ》

なべ（大《おお》きめのもの）

ざる／ボウル／巻《ま》きす

材料《ざいりょう》（4人分《にんぶん》）

ほうれん草《そう》……………250g

けずりぶし……………適量《てきりょう》

だしじょうゆ

- だし…大《おお》さじ3（つくり方《かた》▼18ページ）
- うすくちしょうゆ…大《おお》さじ1と1/2

【巻《ま》きす】

巻《ま》きすは、だし巻《ま》きたまご（⇨ 24ページ）などの食《た》べものの形《かたち》を整《ととの》える以外《いがい》に、水気《みずけ》を切《き》るときにも使《つか》う。ちょうどよく水気《みずけ》を残《のこ》してしぼれるので、おいしくつくれる！

こまつ菜《な》など、ほかの青菜《あおな》でもつくってみよう！

つくり方《かた》

寒《さむ》い時期《じき》のほうれん草《そう》は、根元《ねもと》が大《おお》きくかたいものが多《おお》い。切《き》りこみを入《い》れてゆでやすくしよう。

1 ほうれん草《そう》を水《みず》でしっかり洗《あら》う。特《とく》に根元《ねもと》にはどろがついているので、やさしく開《ひら》いて、よく落《お》とす。

2 根《ね》の先《さき》を切《き》り落《お》とす。根元《ねもと》が太《ふと》い場合《ばあい》は、火《ひ》が通《とお》りやすいように、包丁《ほうちょう》で一文字《いちもんじ》の切《き》りこみを写真《しゃしん》のように入《い》れておく。

3 たっぷりの熱湯《ねっとう》に、塩《しお》（＊分量《ぶんりょう》外《がい》）をひとつまみ入《い》れる。葉《は》を持《も》ち、根《ね》元《もと》を20秒《びょう》ほど湯《ゆ》につけて、根元《ねもと》がやわらかくなってから、葉《は》を入《い》れる。

4 30秒《びょう》ほどしたら、ほうれん草《そう》を菜《さい》ばしでひっくり返《かえ》して、火《ひ》の通《とお》りを均一《きんいつ》にする。

5 左手《ひだりて》の親指《おやゆび》と人《ひと》差《さ》し指《ゆび》を冷水《れいすい》で冷《ひ》やしておき、根元《ねもと》を菜《さい》ばしで取《と》ってさわってみる。やわらかくゆで上《あ》がっていたら、ざるに上《あ》げる。

6 ほうれん草《そう》を、水《みず》をはったボウルに入《い》れて、しっかりとさます。すぐにさますことで、あざやかな緑色《みどりいろ》になる。

7 ほうれん草《そう》を取《と》り出《だ》して、巻《ま》きすの上《うえ》に根元《ねもと》が両《りょう》わきにいくようにたがいちがいに並《なら》べる。手前《てまえ》から、巻《ま》きすを巻《ま》く。

8 巻《ま》きすをたてにもってしぼり、水分《すいぶん》を切《き》る。それから、巻《ま》きすをはずし、3㎝くらいに切《き》りそろえる。

9 根元《ねもと》、葉《は》の先《さき》、その間《あいだ》のところをバランスよく混《ま》ぜたかたまりにする。けずりぶしをかけてから器《うつわ》に盛《も》り、だしとうすくちしょうゆを合《あ》わせて、器《うつわ》に入《い》れる。

● 最後《さいご》に入《い》れるだししょうゆは、上《うえ》からかけずに器《うつわ》に入《い》れよう。ほうれん草《そう》がちょうどよく吸《す》う。

蒸《む》してみよう！

調理時間《ちょうりじかん》…約《やく》20分《ぷん》

お湯をわかす

お弁当OK

きぬかつぎ

湯気《ゆげ》でうま味《み》をぎゅっととじこめてつくる蒸《む》し料理《りょうり》。さといものおいしさがつまっている。

使《つか》う道具《どうぐ》

ボウル／蒸《む》し器《き》

盆《ぼん》ざる（蒸《む》し器《き》に入《はい》る大《おお》きさのもの）／竹《たけ》ぐし

材料《ざいりょう》（3人分《にんぶん》）

さといも（小《しょう》）……9個《こ》

塩《しお》……少々《しょうしょう》

いりごま（黒《くろ》）……少々《しょうしょう》（ごまのいり方《かた》▼40ページ）

【蒸《む》し器《き》】

知《し》ってる？

「きぬかつぎ」の名前《なまえ》の由来《ゆらい》

昔《むかし》、身分《みぶん》の高《たか》い女性《じょせい》の外出着《がいしゅつぎ》のかぶりものは「きぬかずき」と呼《よ》ばれた。「かずく」は「かぶる」という意味《いみ》で、それが「きぬかつぎ」の名前《なまえ》の由来《ゆらい》だ。

つくり方《かた》

湯気《ゆげ》はとても高温《こうおん》になる。やけどをしないように注意《ちゅうい》しよう！

1 ボウルに水《みず》をためて、さといもをころがすようにしてどろを落《お》とす。どろが多《おお》い場合《ばあい》は、皮《かわ》をはがさないように注意《ちゅうい》して、たわしで洗《あら》う。

2 さといもの底《そこ》を少《すこ》しだけ切《き》り落《お》とし、立《た》たせやすくする。

指《ゆび》を切《き》らないように注意《ちゅうい》しよう！

3 さといもを立《た》たせて、真《ま》ん中《なか》より少《すこ》し上《うえ》くらいのところに、水平《すいへい》に包丁《ほうちょう》をかるくおく。包丁《ほうちょう》は動《うご》かさず、指《ゆび》でさといもを一周《いっしゅう》させて、皮《かわ》に切《き》れ目《め》を入《い》れる。

4 水《みず》を入《い》れた蒸《む》し器《き》の下段《げだん》を、強火《つよび》にかけて湯《ゆ》をわかす。盆《ぼん》ざるに、さといもを並《なら》べて、上段《じょうだん》に入《い》れる。

5 一度《いちど》火《ひ》を消《け》してから、蒸《む》し器《き》の上段《じょうだん》を下段《げだん》にのせる。ふたをして、強火《つよび》で蒸《む》す。

6 12分《ぶん》ほどたったら、ふたをあけて、竹《たけ》ぐしをさしてみる。すっと通《とお》るようだったら火《ひ》を止《と》める。かたかったら、もう少《すこ》し蒸《む》す。

7 やけどに気《き》をつけて、盆《ぼん》ざるを蒸《む》し器《き》から出《だ》す。熱《あつ》いうちに塩《しお》をふって、さます。

8 **3**で入《い》れた切《き》りこみの上半分《うえはんぶん》をむく。かるくつまむだけで、つるりとむける。

9 いりごまをふってから、器《うつわ》に盛《も》る。

● 上《うえ》の皮《かわ》をむかずに出《だ》してもかわいい。

蒸《む》らしてつくろう!

温泉《おんせん》たまご

時間《じかん》と分量《ぶんりょう》を守《まも》って、ふるふるの温泉《おんせん》たまごをつくろう!

調理時間《ちょうりじかん》…約《やく》30分《ぷん》

使《つか》う道具《どうぐ》

なべ(2つ。小《しょう》、18cm・ふたつき)
ボウル/スプーン

材料《ざいりょう》(4人分《にんぶん》)

水《みず》……4カップ
塩《しお》……小《こ》さじ1
酢《す》……大《おお》さじ2
たまご(常温《じょうおん》)……4個《こ》

かけ汁《じる》
だし…1/2カップ(つくり方《かた》▶18ページ)
酒《さけ》…小《こ》さじ2
うすくちしょうゆ…大《おお》さじ1
みりん…小《こ》さじ1

つくり方《かた》

よく使《つか》われる直径《ちょっけい》18cmのなべでつくるよ!
たまごは、冷蔵庫《れいぞうこ》から出《だ》して、かならず常温《じょうおん》にしたものを使《つか》おう!

1 かけ汁《じる》をつくる。なべ(小《しょう》)に、だし、酒《さけ》、うすくちしょうゆ、みりんを入《い》れて中火《ちゅうび》にかける。ふつふつしたら火《ひ》を止《と》める。

2 なべ(18cm)に分量《ぶんりょう》の水《みず》を入《い》れ、強火《つよび》にかける。ぐらぐらしたら、塩《しお》と酢《す》を入《い》れて火《ひ》からおろす。塩《しお》と酢《す》を入《い》れると、からが割《わ》れにくくなる。

3 たまご(常温《じょうおん》)をひとつずつ**2**のなべに静《しず》かに入《い》れる。ふたをして20分《ぷん》蒸《む》らす。20分以上《ぷんいじょう》蒸《む》らすと、かたまりすぎるので、時間《じかん》を守《まも》ろう。

4 なべからたまごをすくい出《だ》し、水《みず》をはったボウルに入《い》れてさます。

5 十分《じゅうぶん》にさめたらボウルから取《と》り出《だ》して割《わ》り、器《うつわ》に盛《も》る。からに白身《しろみ》が残《のこ》ったら、スプーンで取《と》る。**1**のかけ汁《じる》をかける。

● なべの大《おお》きさやたまごの数《かず》を変《か》えると、蒸《む》らす時間《じかん》や水《みず》の量《りょう》の調整《ちょうせい》が必要《ひつよう》になる。

コラム

たまご

たまごのあつかい方《かた》を知《し》ろう！

●たまごの割《わ》り方《かた》

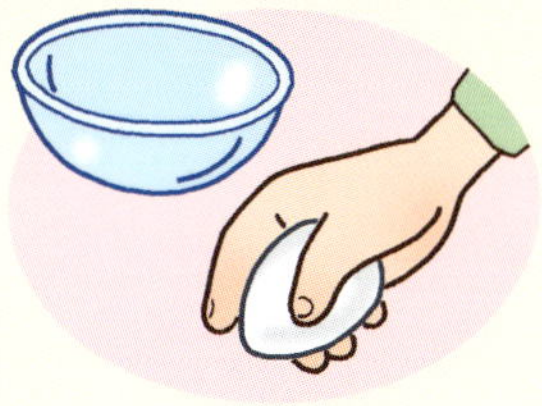

1 力《ちから》を入《い》れすぎず、包《つつ》みこむようにたまごを持《も》つ。ボウルを用意《ようい》する。

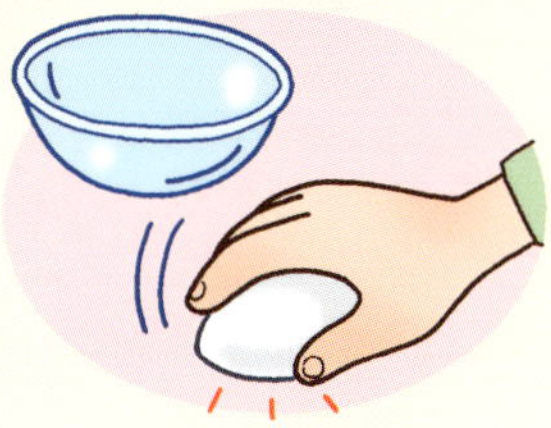

2 ボウルの角《かど》ではなく、テーブルなどの安定《あんてい》した平《たい》らなところで、たまごの横《よこ》(長《なが》いほう)に、ひびが入《はい》るくらいの強《つよ》さで打《う》ちつける。

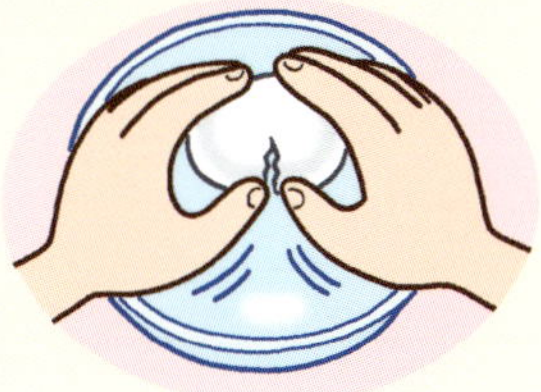

3 たまごにひびが入《はい》ったら、ボウルの上《うえ》で、ひびに両手《りょうて》の親指《おやゆび》を少《すこ》し入《い》れて、開《ひら》くように割《わ》る。

4 ボウルにたまごの中身《なかみ》だけを落《お》とす。からが入《はい》らないように気《き》をつけよう。

たまごを正《ただ》しく保存《ほぞん》しよう！

たまごは、先《さき》がとがっているほうを下《した》にして保存《ほぞん》しよう。そうすると、からの中《なか》にある空気《くうき》の位置《いち》がずれないので、いたみにくい。そして、とがっているほうが、からの強度《きょうど》が強《つよ》いんだ。

●たまごのとき方《かた》

はじめに、黄身《きみ》についている白《しろ》いすじを、菜《さい》ばしで取《と》る。このすじが、黄身《きみ》をたまごの中心《ちゅうしん》に固定《こてい》している。食《た》べられるが、白《しろ》く残《のこ》るので取《と》りのぞこう。

〈しっかり固《かた》めたいとき〉

菜《さい》ばしで、左右《さゆう》にすばやくとく。だし巻《ま》きたまごなどは、しっかりと混《ま》ぜよう。

〈ふっくらさせたいとき〉

菜《さい》ばしで、白身《しろみ》のかたまりをたてに切《き》るようにほぐしてから、かるく混《ま》ぜる。ふっくらさせたいたまご焼《や》きなどは、混《ま》ぜすぎないこと！

● たまごの黄身《きみ》についている白《しろ》いすじは、「カラザ」という。

和《あ》えてみよう!

さやいんげんのごま和《あ》え

調理時間《ちょうりじかん》…約《やく》25分《ふん》

お湯をわかす

お弁当OK

しゃっきりゆでたさやいんげんに、ごまのかおりがぴったり!

使《つか》う道具《どうぐ》

なべ(2つ)/盆《ぼん》ざる/ボウル/うちわ/すりばち/すりこぎ/しゃもじ

材料《ざいりょう》(4人分《にんぶん》)

さやいんげん……150g
しょうゆ(さやいんげんにかける分《ぶん》)……小《こ》さじ1
白《しろ》ごま……大《おお》さじ3
砂糖《さとう》……大《おお》さじ2
しょうゆ(ごまとまぜる分《ぶん》)……大《おお》さじ1

【すりばち】と【すりこぎ】

ごまをいろう!

ごまは、いると、とってもかおりがよくなる!

なべに白《しろ》ごまを入《い》れて、なべをゆすりながら中火《ちゅうび》にかける。すぐに色《いろ》がつくので、目《め》をはなさないようにしよう!

ごまをすろう!

すりこぎの上《うえ》のほうを、片手《かたて》でかるく支《ささ》えるようにおさえる。もう片方《かたほう》の手《て》で、下《した》のほうで円《えん》をかくように回《まわ》す。つかれたら、左右《さゆう》の手《て》をかえよう!

ごまをするときは、すりばちの下《した》にぬれぶきんをしくと、すべりにくくなる。

つくり方《かた》

ゆで上《あ》がってすぐにしょうゆをかけると、下味《したあじ》がつき、余分《よぶん》な水分《すいぶん》が取《と》れる！

1 さやいんげんをよく洗《あら》い、ガクの部分《ぶぶん》を折《お》って、取《と》りのぞく。

2 ぐらぐらとした熱湯《ねっとう》に、塩《しお》（＊分量外《ぶんりょうがい》）をひとつまみ加《くわ》えて、さやいんげんを2分《ふん》ほどゆでる。

やけどしないように注意《ちゅうい》しよう！

3 1本《ぽん》食《た》べてみて、歯《は》ごたえよくゆで上《あ》がっていたら、盆《ぼん》ざるに上《あ》げて水気《みずけ》を切《き》る。盆《ぼん》ざるに上《あ》げるときは、やけどに注意《ちゅうい》しよう！

4 ボウルに移《うつ》し、さやいんげんが熱《あつ》いうちに、しょうゆをまんべんなくかけて、さっと和《あ》える。

5 またすぐに盆《ぼん》ざるに上《あ》げて、水気《みずけ》を切《き》り、うちわでさます。すぐにさますと、緑色《みどりいろ》があざやかに仕上《しあ》がる。

6 なべに白《しろ》ごまを入《い》れて、きつね色《いろ》になるまでいる。すぐに、いったごまをすりばちに移《うつ》して、つぶがなくなるまでする（ごまのいり方《かた》、すり方《かた》⇨右《みぎ》ページ）。

7 **6**のすりばちに、砂糖《さとう》としょうゆを加《くわ》えて、ごまとしっかり混《ま》ぜる。

8 さやいんげんの向《む》きをそろえて、3cmの長《なが》さに切《き》りそろえる。

9 食《た》べる少《すこ》し前《まえ》に、すりばちに、さやいんげんを入《い》れて和《あ》える。

● 市販《しはん》の「いりごま」を使《つか》うときでも、さっといり直《なお》すだけで、とてもかおりがよくなる。

生魚《なまざかな》を調理《ちょうり》してみよう！

あじのたたき

調理時間《ちょうりじかん》…約《やく》20分《ぷん》

新鮮《しんせん》な魚《さかな》のおいしさを生《い》かして、手際《てぎわ》よくつくろう！

使《つか》う道具《どうぐ》

骨抜《ほねぬ》き

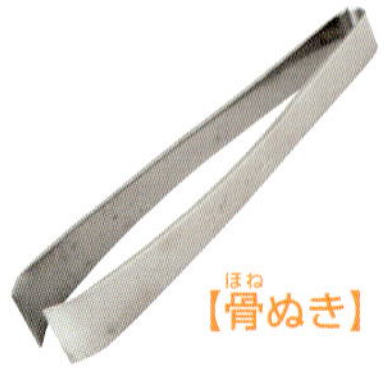

【骨《ほね》ぬき】

材料《ざいりょう》（4人分《にんぶん》）

真《ま》あじ（三枚《さんまい》におろしたもの）……4尾分《びぶん》
長《なが》ねぎ……15g（10cmくらい）
しょうが……10g
ピーマン……$\frac{1}{2}$個《こ》
大葉《おおば》……4枚《まい》
しょうゆ……少々《しょうしょう》（お好《この》みで）

【真《ま》あじ】

あじは、1年中《ねんじゅう》、魚売《さかなう》り場《ば》で見《み》かける魚《さかな》だ。特《とく》に「梅雨《つゆ》あじ」といって、6月《がつ》くらいがあぶらがのっていておいしい。

生《なま》の魚《さかな》を食《た》べるくふう

今《いま》、世界中《せかいじゅう》で、すしや刺身《さしみ》が大人気《だいにんき》。でも、本来《ほんらい》、生《なま》の魚《さかな》を食《た》べるのは世界《せかい》でもめずらしく、和食《わしょく》ならではの文化《ぶんか》なんだ。生《なま》の魚《さかな》はいたみやすいけれど、調理《ちょうり》にくふうがある。刺身《さしみ》に、大葉《おおば》や大根《だいこん》がそえられていたり、わさびやしょうがをつけていただくのは、くさみを消《け》して、おなかをこわさないようにする、昔《むかし》の人《ひと》の知恵《ちえ》なんだ！

つくり方《かた》

骨《ほね》の部分《ぶぶん》を切《き》るときは、あせらずに。手《て》を切《き》らないように注意《ちゅうい》しよう！

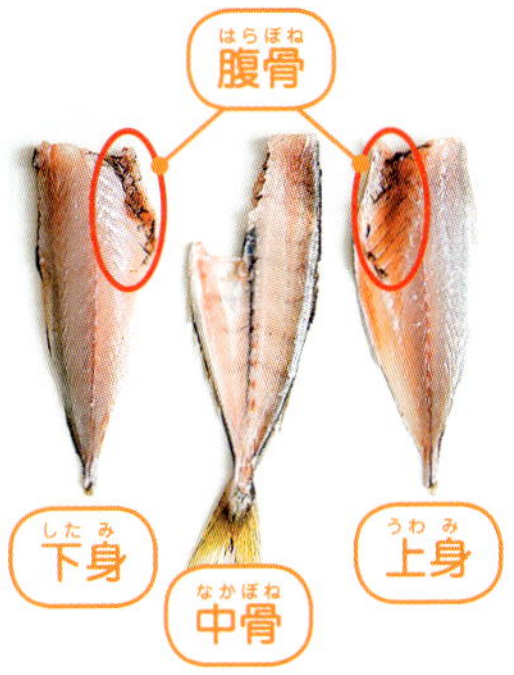

1 三枚《さんまい》おろしは、魚屋《さかなや》さんにたのめばおろしてもらえる。三枚《さんまい》おろしの中《なか》骨《ぼね》は、今回《こんかい》は使《つか》わない。

2 上身《うわみ》と下身《したみ》を、腹骨《はらぼね》が左側《ひだりがわ》になるように置《お》く。それぞれ、腹骨《はらぼね》にそって包丁《ほうちょう》を入《い》れ、できるだけ、腹骨《はらぼね》に身《み》をつけないように切《き》り落《お》とす。

3 上身《うわみ》と下身《したみ》についている小骨《こぼね》を、骨抜《ほねぬ》きで取《と》る。頭《あたま》のほうに向《む》かって引《ひ》くと、抜《ぬ》きやすい。指《ゆび》先《さき》でさわって、ちくちくするところが小《こ》骨《ぼね》があるところだ。

4 皮《かわ》のほうを上《うえ》にして身《み》をまな板《いた》に置《お》き、頭《あたま》のほうの皮《かわ》を少《すこ》しはがす。

5 左手《ひだりて》の人差《ひとさ》し指《ゆび》と中指《なかゆび》であじをはさんでおさえながら、少《すこ》しずつ尾《お》のほうへ、皮《かわ》をきれいに、すべてはぐ。

6 身《み》を重《かさ》ね、1cmくらいに大《おお》まかに切《き》る。尾《お》のあたりは、すじが多《おお》いので使《つか》わない。

7 長《なが》ねぎ、しょうが、ピーマンをできるだけ細《こま》かいみじん切《ぎ》りにして、**6**にのせる。

8 **7**を20回《かい》ほどたたくように切《き》る。たたきすぎるとねばり気《け》が出《で》てくるので注意《ちゅうい》しよう。

9 器《うつわ》に大葉《おおば》をしいて、その上《うえ》に**8**を盛《も》る。お好《この》みの量《りょう》のしょうゆをかけて、いただこう。

● **1**の中骨《なかぼね》を揚《あ》げると、おいしい「骨《ほね》せんべい」になる。　● **3**の小骨《こぼね》は、13～14本《ほん》ある。

漬《つ》けてみよう！

なすときゅうりのもみ漬《づ》け

調理時間《ちょうりじかん》…約《やく》20分《ぷん》

お弁当OK

切《き》ってもむだけのかんたんな漬《つ》けもの。おいしい「もう一品《いっぴん》」をつくろう！

使《つか》う道具《どうぐ》 ボウル（2つ）

材料《ざいりょう》（4人分《にんぶん》）

きゅうり……1本《ぽん》
みょうが……1個《こ》
なす……1個《こ》
塩《しお》（すりこみ用《よう》…小《こ》さじ1/2、塩《しお》もみ用《よう》…㋐と㋑各小《かくこ》さじ1/2）
水《みず》……㋐と㋑各《かく》1カップ

野菜《やさい》を知《し》ろう！

ポイント1 野菜《やさい》は力《ちから》を入《い》れすぎずにやさしくあつかおう！

うすく切《き》った野菜《やさい》を、すぐに力《ちから》を入《い》れてしぼったりしたら、やぶけてしまう。塩《しお》を混《ま》ぜて時間《じかん》をおき、かるく水気《みずけ》を出《だ》してからもめば、こわれない。

ポイント2 なすは手早《てばや》く！

なすは、空気《くうき》にふれるとすぐに色《いろ》が変《か》わってしまう。時間《じかん》がかかるときは、水《みず》につけておこう。

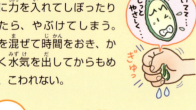

つくり方《かた》

なすは、あくが出《で》て色《いろ》が悪《わる》くなるので、ほかの材料《ざいりょう》とは別《べつ》に塩《しお》もみする。

1 手《て》の平《ひら》に塩《しお》を小《こ》さじ$\frac{1}{2}$取《と》り、きゅうりにこするように塩《しお》をすりこむ。きゅうりの色《いろ》がきれいになり、とげとげした部分《ぶぶん》がなめらかになる。

2 きゅうりを水《みず》でさっと洗《あら》い、塩《しお》を落《お》とす。両《りょう》はしを切《き》り落《お》とし、前《まえ》へ押《お》すようにできるだけうすいうす切《ぎ》りにする。厚《あつ》さ1㎜を目標《もくひょう》に！

3 みょうがは、たて半分《はんぶん》に切《き》ってから、うす切《ぎ》りにする。

4 きゅうりとみょうがをボウルに入《い》れ、塩小《しおこ》さじ$\frac{1}{2}$を加《くわ》えてさっと混《ま》ぜる。10分《ぷん》ほどそのままおく㋐。

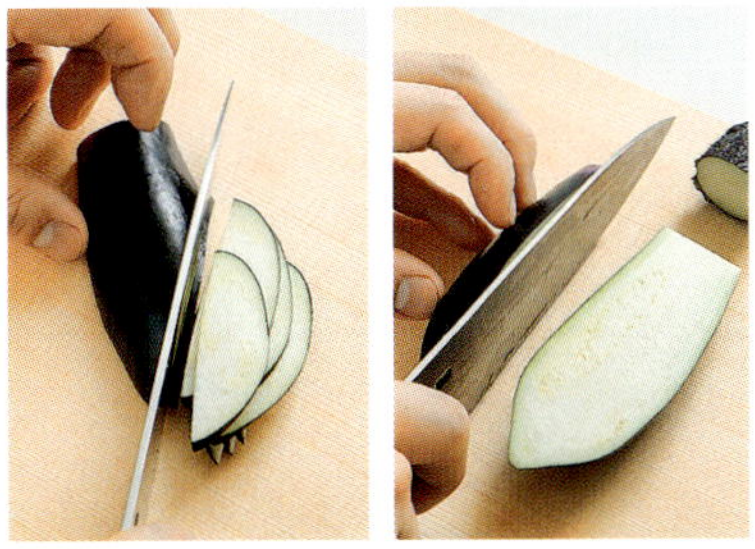

5 なすは、へたの部分《ぶぶん》を切《き》り落《お》とし、たて半分《はんぶん》に切《き》る。ななめに1㎜ほどのうす切《ぎ》りにする。

6 なすを別《べつ》のボウルに入《い》れ、塩小《しおこ》さじ$\frac{1}{2}$を入《い》れて、さっと混《ま》ぜる。10分《ぷん》ほどおく㋑。
㋐と㋑から水気《みずけ》が出《で》てきたら、それぞれしんなりするまでもむ。

7 あくが出《で》てくるので、㋐と㋑のそれぞれに、1カップの水《みず》を加《くわ》えて、さっと混《ま》ぜる。

8 かるく水気《みずけ》をしぼる。それから、ひとつのボウルに㋐と㋑をまとめる。

9 ㋐と㋑を混《ま》ぜる。なすは、あくがたくさん出《で》るので、このように、別々《べつべつ》に塩《しお》もみして最後《さいご》に混《ま》ぜると、きれいな色《いろ》の漬《つ》けものになる。

● 塩《しお》と水《みず》だけですぐにつくれるので「即席漬《そくせきづ》け」ともいわれる。

コラム

和食《わしょく》のルールとマナー

食事《しょくじ》のルールとマナーは、身《み》につけたら一生《いっしょう》の宝物《たからもの》！

一汁三菜《いちじゅうさんさい》の配膳《はいぜん》

和食《わしょく》の基本《きほん》は、「ごはんに汁《しる》とおかず3品《ひん》（あれば、漬《つ》けものを追加《ついか》）」で組《く》み立《た》てられた、「一汁三菜《いちじゅうさんさい》」だ。配膳《はいぜん》にはルールがあり、日本《にほん》では昔《むかし》から重要《じゅうよう》とされてきた「左《ひだり》」に、主食《しゅしょく》と主《しゅ》となるおかずを置《お》く。

一菜《いっさい》
二菜《にさい》
三菜《さんさい》
主食《しゅしょく》
汁《しる》
漬《つ》けもの
はしおき
はし
左《ひだり》向《む》きに置《お》く。

はしの持《も》ち方《かた》

はしを正《ただ》しく使《つか》うことは、見《み》た目《め》が美《うつく》しいだけではなく、とても機能的《きのうてき》だ。小《ちい》さなものでも、すいすいつまめるようになる。上手《じょうず》に持《も》てるように練習《れんしゅう》しよう。

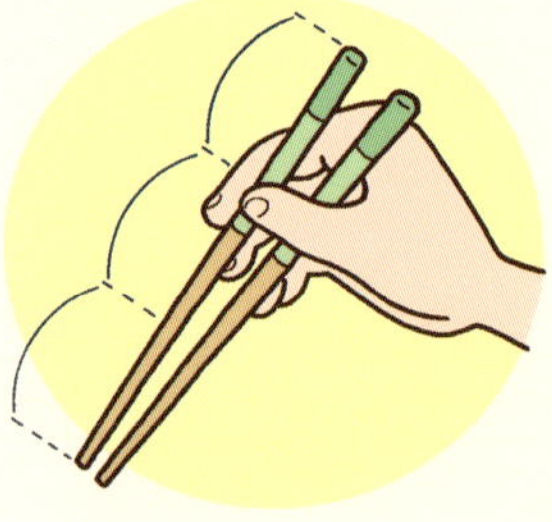

1 親指《おやゆび》と人差《ひとさ》し指《ゆび》の間《あいだ》に下《した》のはしをはさみ、薬指《くすりゆび》で支《ささ》える。上《うえ》のはしを中《なか》指《ゆび》で支《ささ》えながら、人《ひと》差《さ》し指《ゆび》と親指《おやゆび》で持《も》つ。上《うえ》から$\frac{1}{3}$のあたりを持《も》つと美《うつく》しい。

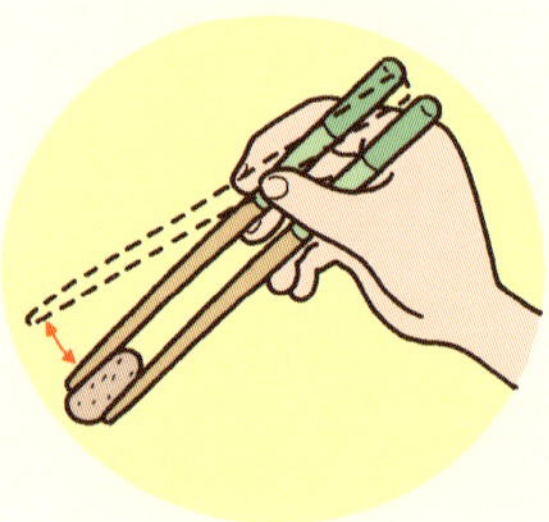

2 人差《ひとさ》し指《ゆび》と中指《なかゆび》だけで上《うえ》のはしを動《うご》かして、食《た》べるものをはさむ。下《した》のはしは、動《うご》かさない。

×してはいけないおはしのマナー

おはしには、してはいけないしぐさがいくつかあるよ。せっかくのおいしい食事《しょくじ》、マナーを守《まも》っていただこう！

【迷《まよ》いばし】
どの料理《りょうり》を取《と》ろうか、はしをふらふらさせながら迷《まよ》うこと。

【さしばし】
料理《りょうり》にはしをさして、取《と》って食《た》べること。

【寄《よ》せばし】
食器《しょっき》にはしを入《い》れて、引《ひ》き寄《よ》せること。

茶《ちゃ》わんの持《も》ち方《かた》

まず茶《ちゃ》わんを持《も》ってから、はしをとる習慣《しゅうかん》をつけよう。

1 右手《みぎて》で茶《ちゃ》わんをとり、左手《ひだりて》の手《て》の平《ひら》におく。

2 はしを右手《みぎて》でとり、左手《ひだりて》の人差《ひとさ》し指《ゆび》と中指《なかゆび》にはしをはさむ。それを右手《みぎて》に移《うつ》しかえて、しっかりとはしを持《も》ち直《なお》す。

3 茶《ちゃ》わんは、左手《ひだりて》の親指《おやゆび》をふちにそえて、茶《ちゃ》わんの底《そこ》に、ほかの指《ゆび》をそろえて持《も》とう。

おわんの持《も》ち方《かた》

基本的《きほんてき》な持《も》ち方《かた》は、茶《ちゃ》わんと同《おな》じだ。

1 右手《みぎて》で茶《ちゃ》わんをとり、左手《ひだりて》の手《て》の平《ひら》におく。

2 はしを右手《みぎて》でとり、左手《ひだりて》の人差《ひとさ》し指《ゆび》と中指《なかゆび》にはさむ。それを右手《みぎて》に移《うつ》しかえて、しっかりとはしを持《も》ち直《なお》す。

3 大《おお》きな具《ぐ》があるときは、おわんの中《なか》で切《き》り分《わ》けてから食《た》べる。具《ぐ》が少《すく》なくなったら、はしをおいて両手《りょうて》でおわんを持《も》っていただく。

そのほかのルールとマナー

「ごはんをおかわりしたい！」

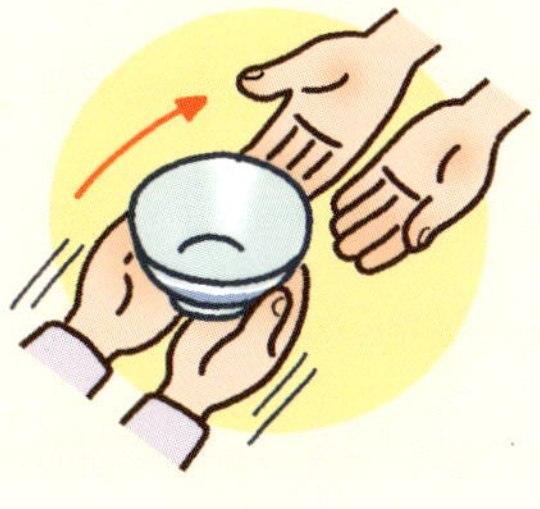

おかわりするときは、残《のこ》さずに食《た》べてから、両手《りょうて》で茶《ちゃ》わんを渡《わた》してお願《ねが》いしよう。受《う》け取《と》るときも、両手《りょうて》で受《う》け取《と》ろう。

「おわんのふたは、どうすればよい？」

ふたがついたおわんで出《だ》されたら、ふたは、はずして右側《みぎがわ》におこう。食事《しょくじ》が終《お》わったら、元《もと》にもどしておこう。

はじめは難《むずか》しく感《かん》じても、毎日《まいにち》、毎食《まいしょく》、気《き》をつけると、マナーはちゃんと身《み》につく。おいしいごはんをつくったら、スマートに食事《しょくじ》を楽《たの》しみたいね！

● 和食《わしょく》は器《うつわ》を持《も》って食《た》べるのが基本《きほん》。大《おお》きい器《うつわ》の場合《ばあい》は、別《べつ》の小《ちい》さい器《うつわ》に分《わ》けて食《た》べよう。

料理・監修

柳原尚之（やなぎはら　なおゆき）

近茶流嗣家《きんさりゅうしか》。柳原料理教室副主宰。大学で発酵食品学を学ぶ。近茶流宗家の父・柳原一成とともに、日本料理と茶懐石の研究と指導にあたっている。また、日本料理を世界に広める活動も積極的に行っている。

著書に『DVD付き　近茶流　柳原料理教室　誰でもできる和食の基本』（講談社）、『「包む」「巻く」「結ぶ」で美しく和のおもてなし料理』『正しく知って美味しく作る　和食のきほん』（池田書店）などがある。

http://www.yanagihara.co.jp

器・スタイリング　近茶文庫

撮影協力　近茶流柳絮会有志

和食《わしょく》をつくろう！❶

おいしい基本《きほん》、入門《にゅうもん》の巻《まき》！

2015年 2月　初版発行

監　修　　柳原尚之

発行者　　升川和雄

発行所　　株式会社教育画劇

〒151-0051　東京都渋谷区千駄ヶ谷5-17-15

TEL：03-3341-3400　FAX：03-3341-8365

http://www.kyouikugageki.co.jp

印刷・製本　　大日本印刷株式会社

48P　268×210mm　NDC596

ISBN978-4-7746-2009-1

（全3冊セットISBN978-4-7746-3010-6）

ブックデザイン●C・02 design（椎原由美子）

DTP●ニシ工芸

撮影●松本のりこ

刺繍イラスト●みずうち さとみ

イラスト●高橋正輝、佐藤雅枝

編集●教育画劇編集部

●小学館クリエイティブ（二宮直子、瀧沢裕子）